大学授業を
活性化する方法

杉江修治・関田一彦・安永 悟・三宅なほみ　編著

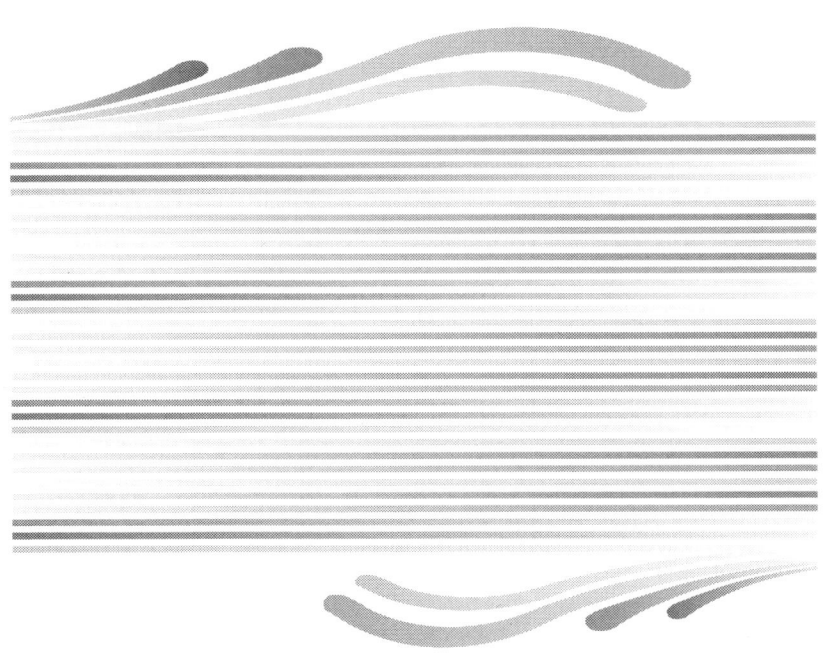

玉川大学出版部

はじめに

　少子化、大学再編など、大学を取り巻く環境が大きく変化し、これまで掛け声にとどまっていた授業改善も、全国的に、本気で取り組みがはじまってきました。大学でなくてはできないことは学ぶことだという当たり前のことが、学生にとって、本当に満足に実現できるかどうかが、大学の評価の最も重要なポイントなのだということが再認識されてきました。

　しかし「教え導く」、または「背中で育てる」といった長年の大学教員の指導文化は容易に変化するものではありません。大学での指導の文化や学生の学びの実態に潜む問題に気づいている少数の教員も、自らの経験だけからでは対応の手立てが見いだせず、せめてわかりやすい講義に努めるというところに多くがとどまっているのが実情です。

　今の大学生たちは、小、中、高校と、受身の学習を強いられ、学ぶことはわが事ではなく、観客としての受身の参加が学びだというような誤った学習態度を身につけてきているように思われます。しかし、学びや成長への意欲を失ったわけではありません。不適切な学校文化の下でそれが眠らされてきたのです。大学教育はその目覚まし役になり得ると同時に、眠りをさらに深める可能性も持っています。

　学習者の学ぼうとする意欲の開発は、大学授業改善の重要な鍵だといえます。学びの値打ちを理解し、学びの喜びを取りもどし、一人ひとりが己の成長を確認し、さらに次の目標を自ら意欲的に設定するという、そのような仕掛けを授業の中でぜひ実現したいものだと思います。

　本書は、主に教育心理学の立場から教授学習研究に取り組み、自らの実践にその成果をさまざまな形で取り入れた4人の大学教員の教育実践とその背景にある理論を紹介しようとするものです。大学では、さまざまな教材につ

いて、さまざまな学生を相手に実践を行います。教師もそれぞれ個性的な教育のねらいを持っています。ですから、実践事例の紹介だけでは、ぴたりと当てはまるものはあまりなく、自分の実践に使ってみようということにはなかなかなりません。実践の紹介は興味深いものがありますから、本書でも事例紹介はできるだけ広く行います。しかしそれに加えて、その実践を発想した根拠も示す必要があると考えました。

　教師の第一の仕事は、教材と学習者の特性を考慮し、授業の最適化を自分の判断で試みることです。意思決定者としての役割が大変重要な仕事となります。さまざまな実践を知る場合、実践の背後にある理論を理解することは、その実践の応用可能性を高めることにつながります。自分のめざす教育のねらい、扱う内容、学生の実状などを考慮した上で、どのような進め方がよりよい成果をもたらすだろうか、自分なりの最適の判断をするためには、数々の事例の背景にある理論の理解が力を発揮します。

　本書の共著者の授業理論、授業手法はそれぞれ特徴を持っています。したがって本書は、各著者にとっても相互の学びの場となるものです。共著者に共通している点は、教師の一方的講義ではなく、学生の学習参加を促すことの必要性、重要性を認識しており、学生間の相互作用を促すことでその実現を図っているという点です。内容の習得にとどまらず、学びへの積極的態度、社会的技能の育成など、豊かな同時学習も可能にする実践と理論を紹介したいと考えます。実践づくりにはそんな発想もあるのか、そこにはそんな根拠があるのかと納得できるところから、まねし、応用してみようという気持ちを持っていただこうというのが著者一同の願いです。

　2004年1月

著者一同

目　次

はじめに　3

Ⅰ章　学生の参加を促す多人数授業 …………………………………9
授業方法の工夫 …………………………………………………9
　1　授業の主役は学生　9
　2　意欲を高める三つのキーワード　10
　3　学び合いの工夫　15

実践事例❶──課題明示で学習活動を活性化する …………………18
　1　研究実践の発端　18
　2　改善のポイント　20
　3　課題の明確化による既習知識の活性化　22
　4　授業の実際　23
　5　授業の成果　26
　6　まとめ　29

実践事例❷──学生が進める三方向授業 …………………………29
　1　三方向授業への着想　29
　2　実践のポイント　31
　3　授業の準備と進め方　32
　4　授業の実際　35
　5　教師の指導の留意点　37
　6　授業の成果　41

実践事例❸──多人数授業で進める協同学習 ……………………43
　1　多人数授業でも協同学習は可能　43
　2　協同学習実践の概要　44
　3　協同学習の実際　46
　4　実践で得られた成果　50

5　この実践のポイントと課題　53

II章　協同学習のすすめ──互いの学びを気遣い合う授業を目指して …57

協同学習をどうすすめるか……………………………………………57

　　1　はじめに　57
　　2　協同学習の考え方　58
　　3　実効ある学習活動の5条件　59
　　4　インフォーマルグループ導入　61
　　5　インフォーマルグループの効用　64
　　6　グループワークの実際　66
　　7　協同学習とピアレビュー　71
　　8　フォーマルグループ導入　73

実践事例❶──経済学教育における協同学習法…………………………76

　　1　協同学習法との出会い　76
　　2　初めての挑戦　77
　　3　新たな挑戦　82

実践事例❷──共に学び合える英語学習 …………………………………86

　　1　はじめに　86
　　2　協同学習を導入　86
　　3　学習者の反応と意見　92
　　4　協同学習の効果　94

実践事例❸──体育実技における協同的なグループ活動…………………95

　　1　はじめに　95
　　2　初心者の指導法の工夫　96
　　3　グループ学習の導入　98
　　4　協同学習の導入　100
　　5　協同学習の成果と学生の感想　103
　　6　協同学習の総括と今後の展望　105

Ⅲ章　対話による学習モデル——LTD話し合い学習法 … 107

LTD話し合い学習法 … 107

1　LTD話し合い学習法とは　107
2　LTDの構成と効果　108
3　LTD過程プランに基づくミーティングの方法　109
4　過程プランの理論的背景　117

実践事例——討論で深める授業 … 118

1　授業設定　119
2　教材の選択と配列　121
3　LTD授業のための準備　125
4　導入段階　127
5　LTDの解説段階　128
6　LTD実施段階　136
7　まとめ段階　139
8　おわりに　140

Ⅳ章　コンピュータを利用した協調的な知識構成活動 … 145

協調活動の仕組みとコンピュータ支援 … 145

1　学生主体の知識構成　146
2　協調活動をミクロに見る　147
3　協調学習のデザイン原理　149
4　学生はどんなまとめを作るのか　152
5　正統的周辺参加という考え方　157

実践事例❶——知識構成を支援するコンピュータ・ツール群 … 160

1　周辺的参加の支援　160
2　似た経験を分かち合う——レポート課題提出ページ　164
3　資料をまとめる　165
4　分解して、まとめなおす　167
5　分解して、関係付けて、まとめなおす　171
6　ビデオを教材にノートを取る　173

実践事例❷──協調的な学習活動 ……………………………………… *176*
　1　ジグソー法　　*178*
　2　単純ジグソー法　　*179*
　3　構造化ジグソー　　*181*
　4　ダイナミック・ジグソー　　*183*

I 章
学生の参加を促す多人数授業

授業方法の工夫

1 授業の主役は学生

　大学で最も普通に見られる多人数学生相手の講義風景。そこでは教師が話をすることが授業だと思われています。教師が教え、学生が学ぶ。学識を受講者よりはるかに多く持つ教師が、その一部を授けていくことが授業だと考えられてきています。授業の価値は、教師の話の内容だけが基準でした。

　このところ、その価値ある話を理解できない、または理解しようとしない学生が目立つと言われてきています。学生の質の低下を嘆く声です。主には大学進学率の高まりが質の低下をもたらしていると考えられていますが、もう一つ、「学び」の文化の変質という要因も考慮に入れるべきでしょう。ひとことで言えば、学生たちは年々、「学びはわが事である」という感覚を失ってきているという問題です。

　日本の高等教育は立身出世の手段という色合いを強く持っていましたから、もともとその芽はあったのですが、近年とくに学ぶ本人の内からの要求、すなわち、知的好奇心に駆り立てられて自ら学ぶという学生の態度が失われています。こういった現状では、教師が主役の従来の授業では、手ごたえのあ

る学生の変化を期待することはできなくなってきました。

　学生の学力低下、学ぶ意欲の低下はしかし、見かけの現象にすぎないという考え方も必要だと思います。彼らはテストの点を取るためのトレーニングが授業なのだと、小学校の高学年あたりから思い込まされ、もともと人間ならばだれでも持ち合わせている知的好奇心を、学校以外の場所で満たしてきたのです。残念ながら教科の学習を超えるような、広く、深い内容を持つ知的領域は世間にはなかなかありません。テレビやゲームのような貧相な文化でその欲求を満たさざるを得なかったのです。

　また、小、中、高校の授業の過程も、一斉指導中心で、時折の意見のやり取りも教師と成績のよい生徒との間に限られ、大多数の生徒は漫然と受身で聞いているだけ、分からなくてもそれを追及されない、そんな経験を毎日毎日繰り返しています。しだいに「学びはわが事」ではないということを同時学習しているようなものです。

　学生は知的好奇心を眠らされているのであって、失ったわけではありません。大学に入って初めて勉強が面白いものだと知ったという学生に、時折出会うことがあります。そういった学生をもっと増やすことは不可能ではないはずです。

　内容の良い講義が良い授業だと評価されてきましたが、内容は良くて当たり前、さらに、それがいかに適切に学生に届いたかという観点の評価が必要だと思います。学生が変化してこそ、その授業の存在意義があるのです。意義ある授業を行うために、さまざまに授業方法を工夫したいと思うのです。教えることが教師の仕事ではありません。授業の主役は学生です。彼らの変化を促す手助けをすることが、教師にとっての授業です。

2　意欲を高める三つのキーワード

　学生の「学び」への意欲を高める授業工夫のキーワードとして、私は三つを考えています。学習活動は、何といってもまず、学ぶ側の学習への意欲が

ないことにははじまりません。教師の仕事の第一歩は、学生の学習への意欲を高める工夫にあると言えます。

(1) 参　加

工夫のその1として「参加」というキーワードをあげました。終始受身で他人の話を聞くのは辛いということは、われわれも知っています。辛抱しても聞く値打ちのある話だから、何とか我慢しているのです。もし、もう少し別の形で話をしてもらえたら、もっと意欲を持って聞くことができたかもしれません。

授業も同様で、学生の受身を一方的に強いる授業は、中身が優れていても聞く方には辛いものです。そこで、受講者の学習への参加をその過程に加えた授業を工夫することをまず提案したいのです。

「参加」にはいろいろな形があります。まず、「体の参加」です。小、中学生などは、体を動かすことのできる科目を好みます。小学校の低学年はおはじきやカードなどを用いた操作を伴う算数が好きですし、体育も好まれます。中、高校になっても理科の実験を大部分の生徒が好みます。これらは「体の参加」が可能だからです。授業の過程にさまざまな作業を伴うステップを入れることで、学生の意欲を高めることが可能になります。

次に「頭の参加」と私が呼んでいるものがあります。授業中の学生のようすを観察しますと、多くは腰掛けの背もたれにもたれて漫然と話を聞いているという風ですが、ときに身を乗り出してくることもあります。それはどんなときかというと、彼らにとって関心のある内容、問題意識に触れる内容、そして、聞いていて分かる内容の場合です。教師の都合で一方的に内容を決定するのではなく、聞きたい話題を分かりやすく提供することで、体は動かさなくとも頭が活性化し、参加する機会を作ることができるのです。大学ではこちらの工夫の方が一般的になされていいと思います。

三つ目に、体の参加に近いのですが、「相互作用への参加」をあげます。これは学生相互、学生と教師の間の質疑、学び合いの機会を設けることを言

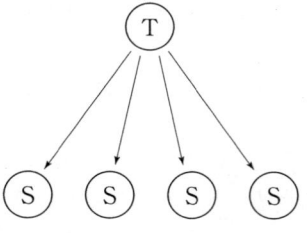
（A）教師から個々の生徒への一方通行

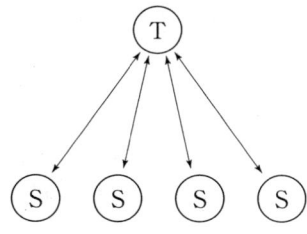
（B）教師と個々の生徒の二方通行の並列

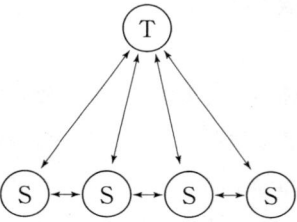
（C）教師と個々の生徒の二方通行の他にある限られた範囲内で生徒相互のコミュニケーションが許される（制限された三方通行）

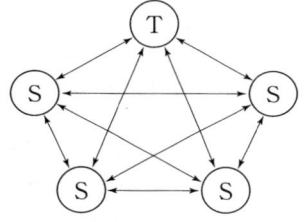
（D）教師がグループのメンバーの一員となりグループのメンバー全員（教師を含む）の間に二方通行が許される（完全な三方通行）

図1-1　教師と学生、学生間の相互作用の型 (Lindgren, H. C. 1956)

います。受講中、学生は感じること、考えたことがたくさんあり、それを外に出す機会を欲しています。私語にも相当の割合その手のものが混じっています。リンドグレン（Lindgren, H. C. 1956）が、双方向から三方向の相互作用が可能な条件の重要性を述べているのは、相互作用への参加が学習意欲を高める条件であることによっています。

(2) 協　同

「協同」は競争と対置して考えられる集団による意欲づけの条件です。競争は他人に負けるかという形で、協同は仲間とともに伸びる過程で感じ取る活動の有意味さによって、ともに意欲を高める条件となっています。なお、

集団心理学では、よきライバル、切磋琢磨といった、勝ち負けを最終的に問題にしないような競争的活動は協同の領域に分類しています。結果として、ともに高まる形の活動は協同の範疇に分類します。

協同と競争の比較は集団心理学の古くからの課題でした。数多くの実証研究がなされましたが、そのほとんどは協同の相対的有効性を報告するものでした。集団の中で受けいれ合い、互いの成長意欲を信じ合い、高め合う集団の中で、人はもっとも適切に意欲づけられることが確かめられてきました。競争の効果を信じてやまない人も多いのですが、それは裏づけを持たない信念に過ぎません。競争は順位を争うもので、勝てばそこで意欲は消失します。学ぶことそれ自体を意欲づけることはありません。勝つ見込みのない者たちは、はじめから競争に参加しません。なお、競争によって意欲が高まるように見えるのは、勝者となる人々は同時にはじめから学びへの意欲も高いからだと考えられます。自分を高めようという意欲がない勝者はそれ以上伸びないでしょう。競争の効果それ自体の意義は小さいのです。

勉強は１人でするものだという信念は、競争に勝ってはきたけれど、実は自分の学習意欲の高さゆえに成果を挙げてきた大学教師が持ちがちなものです。勉強は１人でした方がいい場合もある。それは事実です。しかし、ともに学ぶ、人間関係の中で学ぶことの方が人生では多く、普通であるということにも思い及ばせるべきでしょう。

実際、多くの知識、理解は、テキスト、または教師の口から出ることばと学習者を直接結ぶよりは、さまざまな人の間を通って、すなわち、いろいろな人の意見や反応を通して身につけた方が有意義であることが多いのです。また、社会的な関係の中での学習は、自分の理解を説明する力や、相手の説明を理解する力を養うという、同時学習の機会となります。あわせて、意見をまとめ上げていく集団運営の力や、相手の意向を察する感受性を育てるなど、豊かな副次効果が期待できるのです。

具体的には、講義の途中で学生による少人数の話し合いの導入や、後半にグループ・レポートを作成させるなどの工夫があるでしょう。また、教師と

個別学生との質疑ではなく、教師と学生グループとの質疑などの機会を設けることも工夫の一つです。

(3) 成　就

　小、中、高校の授業で、しばしばおかしな場面に出会います。その一つとして、授業の途中や最後のところで次のように教師が言うことを挙げることができます。「ここまで分かりましたね。では次に進みます」「この時間はここまでです。みなさん分かったと思いますから、また明日…」。教師たちは何を根拠に生徒が内容を理解したと判断しているのでしょう。授業は学習者が変化してこそ意義のあるものです。授業の成否を知るために、生徒のでき具合をきちんと評価して、次の授業計画を立てるのが本筋ではないでしょうか。上記のような教師のことばには、評価のステップが抜け落ちており、それを当たり前とする文化があるように思います。

　これでは、授業は教師の仕事、生徒はお客ということになってしまいます。きちんと買い物をしなかった（理解しなかった）生徒が悪いということになります。生徒が勉強できたのは私（教師）のおかげ、できなかった生徒は本人のせい、ということになってしまいそうな、教師の都合ばかり優先の仕組みになっています。

　大学の授業でもこの問題があると思います。毎時毎時の学生の理解度に関心を払わず、理解できない学生に問題ありとし、伝わらない講義の側を問題にしない授業では、学生にとっても、また教師にとっても、大切な時間を無駄に使っていることになります。

　一歩ずつ、受講者の理解を進めていくためには、内容の節目ごとに理解度を確かめることが重要です。授業終了直前に小テストなどを実施している方もいますが、あれは出席代わりの情報というだけでなく、当該時の受講生の理解度に関する情報でもあります。

　なお、適切な評価は、指導の適切性を診断するのに役立つのですが、同時にそれは学生にとっても貴重な情報となるのです。すなわち、自分自身の進

歩の手ごたえ、成就感を味わうための情報となることも見逃せません。

　課題が解けた、今まで分からなかったことが分かった、自分の認識の枠組みがぐっと広がった、そういった実感こそが学びの意欲に大きな影響力を持ちます。したがって、学生に対して適切な評価情報を与えることは、授業の効果を増す上で大変重要なことだと言えます。

　評価の手段としては、学習内容を中身とした小テストの形式が一般的でしょう。しかし、授業の終わりに仲間同士で学んだ内容について意見交換させるといった自己評価、相互評価の手続きも、学生が手ごたえを感じるための有効な手段となります。

3　学び合いの工夫

　大学の授業で、学生相互の学び合いの機会を設定することは、参加を高め、協同による意欲づけの機会をもたらし、成就感を引き出すために、大変効果的です。

　私の実践では、しばしば学生を少人数の集団に分けたスモール・グループ形態を用います。大学受験をめざして、競争的な環境で学ぶ経験を持つ者として、私も当初は学び合いという学習形態に対する感受性を持ち合わせていませんでした。しかし、実践してみると、大学生の場合でも、彼らは非常に熱心に、また楽しそうに、話し合い、学び合いに入っていきます。ただ、教師の日常的な経験のみでこのグループ学習を導入しようとしても、うまくいかない場合がしばしばあります。アメリカの協同学習の研究者ジョンソン兄弟（Johnson, D., Johnson, R. & Holubec, E. 1986）は、スモール・グループを作ったからといって学習がうまく進むわけではない。協同学習は難しい、といった趣旨の発言をしています。学び合いの授業を進めるには、いくつかの留意点が必要です。

(1) 課　題

　スモール・グループの効果的な進め方で、最も重要なことは、そのグループにどんな課題を与えるかということです。課題すなわち"task"は、普通「仕事」と訳されることが多いように、それは学習者がなすべき仕事です。仕事の内容ができるだけはっきりしていればいるほど、成果を見込むことができるはずです。とりわけ、スモール・グループでの活動では、メンバー全員がその仕事を共通に理解していなくてはうまく進みません。したがって、明確に課題を与えるということが重要になります。

　単に、この問題について話し合いなさい、という指示では、グループの課題（仕事）はあいまいなものとなります。私はしばしば次のような表現の課題を出します。「この問題についてグループで話し合いなさい。後でグループのだれを指名しても答えられるようにすること」、または「話し合った後にグループに意見を聞くから、グループとしての意見をまとめておくように」。このような指示をすると、前者の場合、自信のないメンバーに他のメンバーが援助するような活動が見られます。後者の場合、各自の出した意見から最適なものを作り出そうと、一つにまとめる方向の意見交換がなされます。

　課題や指示を的確に示すことが、話し合いを促進させる不可欠の条件です。最近の学生は話し合いもできないという評価をよく聞きます。決してそういうことはありません。教師の側があいまいな課題を出しているために、何を話し合っていいか分からないということの方が多いのです。今の学生は小学校からずっと、そういう教師のあいまいな発問、指示の中で育ってきました。何を話し合っていいか分からないのは自分のせいだと思い込まされてきて、自信をなくさせられています。しかし、明確な、そしてもう一つ付け加えれば、話し合う値打ちのある課題を示されれば、ずいぶん活発な学習活動が期待できるのです。教師は、自分が与えている不適切な環境の下での生徒、学生の活動だけを見て、彼らを過小評価していると思えてなりません。

(2) **ストラテジー**

　表現としては大げさに感じるかもしれません。ストラテジー＝戦略とは！ただ、教育心理学では、課題に取り組む手順のことをさしており、さほどおだやかならざる用語ではありません。学び合いも、ただ、スモール・グループで話し合いなさいと指示するのではなく、取り組ませ方に少し工夫を加えるといいのです。

　まず、グループでの取り組みに入る前に（それが短時間のものならば次のような配慮はあまり要らないのですが）、十分な個人思考を入れるということです。最初からグループで話し合いをはじめると、複数の人が集まっていることによるメリット、すなわち知恵の源泉を十分に交換し合い、活用し合うことができなくなります。頭の回転の速いメンバーや勢力のあるメンバーの意見に他のメンバーが引きずられてしまいます。

　しかし、あらかじめ個人思考をして、グループに臨むための「仕込み」を各メンバーがしておけば、一人ひとりの発言への構えが違ってきますし、聞く構えも違ってきます。こういった指示を的確にしておきましょう。

(3) **グルーピング**

　グループの編成の仕方もいろいろな条件があります。一般に、個人の持つさまざまな資質に関して多様なメンバーが集まったグループの効果が高いという実験結果が報告されています。異質性を保障することが、良いグループ編成の条件なのです。学力、性格、性別など、入り混じった条件が効果的なのです。

　最近、中学校や高校だけでなく、小学校においてまで、習熟の程度に応じた指導、率直に言えば能力別指導をすべきだという考えが、文部科学省なども後押しして広がってきています。何を根拠にそんな発想をするのかと思います。能力別指導の実証的研究は、外国では数多くなされています。能力の似た者同士のグルーピングが効果があるという証拠はほとんど報告されていません。差別教育だというような理念的な反対論もありますが、科学的にも

根拠のないものだと、ここで紹介しておきましょう。

　大学ではなかなか個々人の特性に関するデータを集めることができません。したがって、ランダムにスモール・グループづくりをするということで、異質性を期待するにとどまることが多いと思います。

　なお、人数は4〜6人程度が適切だとされています。人数が多すぎれば話し合っている内にグループが二つに分裂しますし、メンバー一人ひとりの課題解決への貢献度も小さくなります。少なすぎると知恵の資源が少ないことになります。

(4) 役　割

　話し合いに入る前に、グループ内の役割を決めさせておくことも効果的です。それぞれの役割は何をするのかきちんと説明して、グループ内で決めさせてから話し合いに入らせます。

　役割としてはまず「司会」があります。後は、課題に応じて「記録係」「発表係」などがあるでしょう。固定グループを用いる場合は、役割をローテーション制にするのがいいでしょう。そうでない場合も、メンバーが公平にさまざまな役割を経験するように指示をしていきます。

実践事例❶——課題明示で学習活動を活性化する

1　研究実践の発端

　私は大学では教職課程に所属しており、主に「学習指導の過程」という2単位の科目を担当しています。この科目は授業の方法・技術の習得を内容とするもので、授業の設計から実施、そして評価に至るまでの学習指導過程を効果的に組み立て、実践するための基礎的力量をつけることを狙っています。ここでまずご紹介するのは、今から10年ほど前に行った、授業改善の試み

です。

　受講生は教職を目指す者たちで、近年の教職への道の険しさにもかかわらず、その数は一向に減らず、教職への意欲はむしろ高まりを感じさせるものがあります。とりわけ私が所属する大学は体育学部を抱えているため、その傾向が強いと思われます。

表1-1　1991年度試験結果

点　数	人　数	(%)
90～100	31	(17.5)
80～89	29	(16.4)
70～79	25	(14.1)
60～69	24	(13.6)
50～59	22	(12.4)
50未満	46	(26.0)
合　計	177	(100.0)

　ところが、私には、年来、学生の意欲にもかかわらず、それが学習内容の習得になかなか反映されていかないという悩みがありました。講義を行っていても、手ごたえがありません。ノートをとらない、そしてその奥で大脳が活発に動いているとは思えない目、目、目。小、中、高校と、一貫して学び方を学んでこなかった学生たちをこのままにしていたのでは、彼らにとっても、私にとっても貴重な時間の無駄づかいになってしまいます。

　学生からの評判では、私の授業は分かりやすいというのです。授業への出席率も、出席を取らない割に悪いわけではない。私語や居眠りも気になるほどは多くない。そういった中で、教師を目指す者には理解してほしいと考えることがらを選んで講義するのです。

　学校現場を研究のフィールドとしてきた私には、個々の教師に期待するところは大きく、細かな教育心理学の知識も採用試験には必要ということで押さえつつ、生徒観、学習観、指導観など、原理的なことがらについて、胸にすとんと落ちるような理解をしてほしいと願って授業を進めてきました。しかし、学生がそこからどれほどを学んだかを調べると、たとえば表1-1に見るように、1991年の体育学部の後期試験の成績結果では平均点が63.3点、標準偏差が24.5というものでした。これは満足のいく結果ではありません。

　私は決して意地の悪い教師ではありません。用語の丸暗記で答えられるような安易な問題は出しませんが、テストというものは授業で伝えた大事な内容をどれほど理解したかを測るものですから、当然授業での内容に限って出

題します。問題文も解答者が誤読しないように配慮しているつもりです。採点基準もとくに厳しいつもりはありません。私の考え通りでなければ点数を与えないというほど狭量でもありません。その証拠に満点を取る学生もいるのですから。全員が合格してくれることを願っているのです。

　教師になろうというのならば、私が選んだ大切な学習内容のせめて8割は理解していてほしい。ところがその基準に達しているのは35％にすぎません。テスト結果は学生の能力や熱心さの指標でしょうが、一方で指導の適切性の評価でもあります。この結果は明らかに私の指導への警鐘でもあったのです。

2　改善のポイント

　学生の解答を見るといろいろなことが分かってきます。習熟度別指導について、その問題点と効果的な活用方法を実証的な資料も紹介しながら講義したにもかかわらず、個に応じた指導法としてよい方法だというような無批判な回答をしたり、早教育の意義について、多面的に、これも興味深い資料を活用しながら論じたにもかかわらず、個人の才能を伸ばすよい試みだと、浅い理解に基づく回答をしたり、個を生かす指導には集団のかかわりは不可欠であること、個を切り離しての指導の意義は小さいことなど伝えたと思っても、個別指導が最適の指導法であると単純に答えたりする者が少なくありません。

　教育実践の上で本当に大事だと思い、繰り返し強調して「私が話した」効果があまり認められないのです。学習前の経験だけに基づく考え方が授業を通して変わらないのでは、半期かけて教え、学んだ、その努力の意味がないではないかということになります。

　学生たちの学習技能、学習態度にはいろいろ不十分なところがあります。中学校時代から、授業は結果を得るためのものであり、自分が変わるためのものだという意識を持つことなく、彼らは過ごしてきています。おとなしく

教室で過ごしていれば、教師の機嫌を損ねることなく1日が過ぎていきます。授業の内容を本当に理解しなくても、教師はそのことを追及しません。分かったふりと教えたつもりの繰り返しの中で、「学び」はセレモニーだとさえ思い込んでいるかもしれません。大学で、急に理解することを求め、記号でなく記述で答えるなどということは、不慣れに違いありません。

　私の授業では、具体例をできるだけ引くことに努めています。しかし、体験的にそのようなことがらについては理解できても、それらの事例から引き出される一般的な原理や考え方となると、思考が停止してしまう学生が多いようです。授業では自分の分かることだけを聞き、自分がそれまでに経験し、理解していることがらを確認するにとどめ、分からないことはとりあえず丸暗記することで、直ちに忘れていく、そんなことを繰り返しているように思います。授業は自分が変わるための本物の場だという構えを持たないまま大学に来ているのです。彼らの潜在的な能力が低いのではないと思います。「学び」を学んでいないのです。

　そのような学生への配慮が私に足らなかったことは事実です。いかに話題に工夫を加えようとも、それは所詮「教える」授業であり、「学び」を援助する授業、学習者が主役で教師は脇役という、学習指導本来の形からは遠い、小、中、高校の授業の延長だったのです。忙しいことを口実にし、表面的な好評に安住していたことを反省しなくてはいけないと思ったのです。

　新しいことがらを理解することは容易ではありません。多少なりとも関係する既習の知識があれば、それを活性化し、動員して、新しいことがらと結びつけて理解できるのですが、教師はそれぞれの担当する学問の専門家なので、学生にとっての初体験への感受性が鈍いのが一般です。われわれにとってはこんなことをと思うようなことを学生が知らないことがしばしばあります。「周知のように」ということばは授業では禁句ではないかと思います。既習知識のないところに次々に新奇な情報を与えても、丸暗記をするか、とても理解できないと、あきらめの学習態度を持たせるばかりということになりかねません。

私は、自分の授業の改善の一番のポイントを、学習者の既習の知識をどう活性化するか、に置くことにしました。学習すべきことがらについての既習知識が少ないと思われる場合は、新しい講義にはいる前に、それを理解するための枠組みになる知識を前もって与えようと考えました。これからどんな話を聞くことになるのか、それが分かっていれば、すでに持っている知識を引き出し、関連づけて理解しようという構えができます。われわれも講演など聞く場合、話題の大筋や、どんなことを話しそうな講師かが前もって分かっていた方が内容をよく理解できる、その原理を応用しようと考えました。

　なお、講義を聞く構えを作るということは、講義に積極的に臨むことにつながります。学習が受身でなく、能動的になされることになります。既習の知識の活性化は、積極的な学習態度、学習技能の形成にも役立つと考えられるのです。

3　課題の明確化による既習知識の活性化

　私の実践では、授業の第1時に、科目の学習内容の概要をしっかりつかませるために、半期の授業でどのようなことを学ぶことになるのかを十分な時間をとって講義します。それによって学生は科目の大まかなイメージをつかみ、何が得られるのか大づかみに知ることになります。同時にその科目を学ぶ意義、値打ちも知ることになります。さらに、毎時、導入時にその時間の学習課題を学生に理解しやすい形ではっきりと示す、それだけの工夫を加えたものです。ただし徹底してそれを行うというものです。

　授業の準備として、年度当初に半期2単位分の学習課題を作ります。この作業に取り掛かる前は、果たして指導しようと思う内容をすべて課題の形に表現できるかどうかという不安がありました。しかし、その作業ができなければ、授業自体進めることができないはずです。学生の学習課題は教師にとっては指導目標であるはずだからです。

　課題は、教師になろうとする者にぜひ身につけさせたい事項と、学習指導

の領域を系統的に理解するのに必要な概念や採用試験の勉強の核となる事項の二つの水準に分け、学生には前者を「主課題」、後者を「従課題」と呼んで示すことにしました。結果、「主課題」は29、「従課題」は23にまとめることができました。

4 授業の実際

さて、1992年度に実施した「学習指導の過程」半期2単位、体育学部3年生の授業を紹介します。1クラスが100人程度、この年は2クラスを担当しました。

(1) 第1時

第1時は、この科目で何を学ぶことになるのか、その全体像を示し、受講生に把握させるというステップです。この時間で学生たちがなすべきことがらは、次の学習課題に答えられるようになることです。

> 「学習指導の過程」で学ぶ内容を項目に分けて整理し、それぞれの内容が教育実践とどのような結びつきを持つか述べることができる。

この授業は私の講義で進めます。次時以降に扱う内容をいくつかの領域に分けて示し、それぞれの領域でどんな内容を学ぶのか、それが実践とどう関係するのかを概説していきます。また、この授業は特定の場面で特定の生徒の行動に教師がどうかかわるかというようなハウツーを学ぶものではなく、対処の仕方を教師自身が決める際の背景となる原理を学ぶのだというような、学問の性格についても伝え、適切な学習の構えづくりもします。

受講生には、本時の課題の答えを各自まとめて次時に提出を求めることもあらかじめ伝えておきます。

(2) 第2時以降の授業

第2時以降は、おおむね次のような手順で進めました。

まず学習課題を板書します。「学力と創造性」を扱った時間を例に取れば、次のような課題を板書によって明示するのです。

＜主課題＞
① 学力についての新しい考えを知り、保健体育という教科を通してどのような学力を身につけさせることができるか意見を言えるようにする。
② 学力不振の原因をあげることができ、一般的な対応について述べることができる。
③ 創造性を育てる教育の基礎条件を説明できる。

＜従課題＞
① 標準学力テストと教師作成テストの違いと、それぞれの目的に合った活用法が分かる。
② オーバー・アチーバーとアンダー・アチーバーの意味と、その指導上の意義が分かる。
③ 「創造性」の意味を述べることができる。
④ 「創造性」と「知能」「学力」の関係を説明できる。

学生が板書を書き終えるのを待って講義を開始します。最近の学生はノートを取るのが遅いのですが、待ちます。早く書けた学生には、教科書の今日の課題に触れたページを知らせ、各自読ませておきます。

「黒板に書いた課題に、今答えることはできますか？　おそらくできないと思います。それぞれ、教師になろうというみんなにとって大切な事項ばかりです。皆さんのこの時間の仕事は、この課題に答えられるようになることです」といった説明を授業の2回に1回程度は行い、課題提示の趣旨の徹底を図りました。

授業は基本的には私の講義で進めました。そこではいくつかの留意点を私

自身に課しました。列挙してみましょう。

❶ 体育学部の学生が対象なので、できるだけ保健体育に関連のある話題を探す。
❷ 当然分かっているだろうと思えることがらもできるだけ説明する。
❸ 学生に意見を求めた場合、その意見のよいところを見つけるようにし、基本的にポジティヴな評価をする。当該時のまとめの折にも学生の意見を盛り込む。
❹ 授業は教師が脇役で学生が主役、主役が多数という少し変わった舞台であることを、折に触れて強調し、学習への主体的参加を促す。
❺ 居眠りや授業に関係のない私語は許さない。寝ている学生は直接起こしに行く。
❻ 視聴覚教材をしばしば用いた。ただ、視聴の前に必ず課題を与え、漫然と見ることのないように配慮した（例：オープンエデュケーションのVTRを見て、それが個に応じた指導法と言われる理由を考えなさい）。
❼ 学習内容の理解を促すための教材配布を多く行った。
❽ 課題以外の板書は基本的に行わない。
❾ 授業の過程で、一つひとつの課題についてのまとめをきちんと行う。

学習課題を明示するという手続きを導入したことで、大きく変わったのは、これまでに比べて学生が自発的にノートを取りはじめたということです。どんな話が次に出てくるか、分からないまま講義に臨んでいたこれまでは、学生はただ漫然と話を聞いており、見るからに受身的な受講態度でしたが、課題を明示することで、学習態度が明らかに積極的になったのです。反省すべきはこちらの側の工夫のなさだったとつくづく思いました。

(3) 宿　題

この授業では毎時全員に宿題を課しました。「主課題」に対する答えをま

とめ、次時に提出するというものです。提出1回につき期末テストに2点加算、ただし間違った者は再提出というスタイルです。講義を聞きっぱなしにしないための手立てです。学生にとっては理解の自己評価の手段となり、私にとっては講義の成功度の情報です。

仲間のレポート丸写しというものも10～20%程度は見られましたが、総じてまじめに書いていたようです。懇切丁寧なコメントはしなかったのですが、若干の赤を入れ、返却します。再提出もはじめは結構あったのですが、次第にほんの少数になっていきました。同時に解答の質が全体に徐々に上がっていき、点数の上乗せをしたりもしました。

5　授業の成果

(1) 試験の方式

この年の試験は、以前から時折試みていた方法で行いました。B4用紙1枚の自筆のメモの持ち込み可というものです。「公認カンニングペーパー」と呼んでいます。これによって、学生は確実に詳細な勉強をしてきます。一例を図1-2に示しておきましょう。自筆でなくてはいけないというところがミソです。そしてこれは答案提出時に一緒に出させます。後輩への使い回しをさせないためです。この年の問題は前年と同様、記述式5問でした。また、答案の最後に「授業の進め方、内容に対する感想」を求めました。

(2) 成　績

1992年度の2クラスの成績は表1-2のようになりました。80点以上の者は8割を超え、60点未満の落第者は1人でした。平均点は87.7点、標準偏差は10.5でした。「公認カンニングペーパー」の効果は大きかったでしょうが、それは持ち込んで写した効果ばかりではなかったと思います。毎時の適切に方向づけられた学習活動、授業後の復習、試験前の再学習といった重層的な仕掛けの効果ではなかったかと思います。

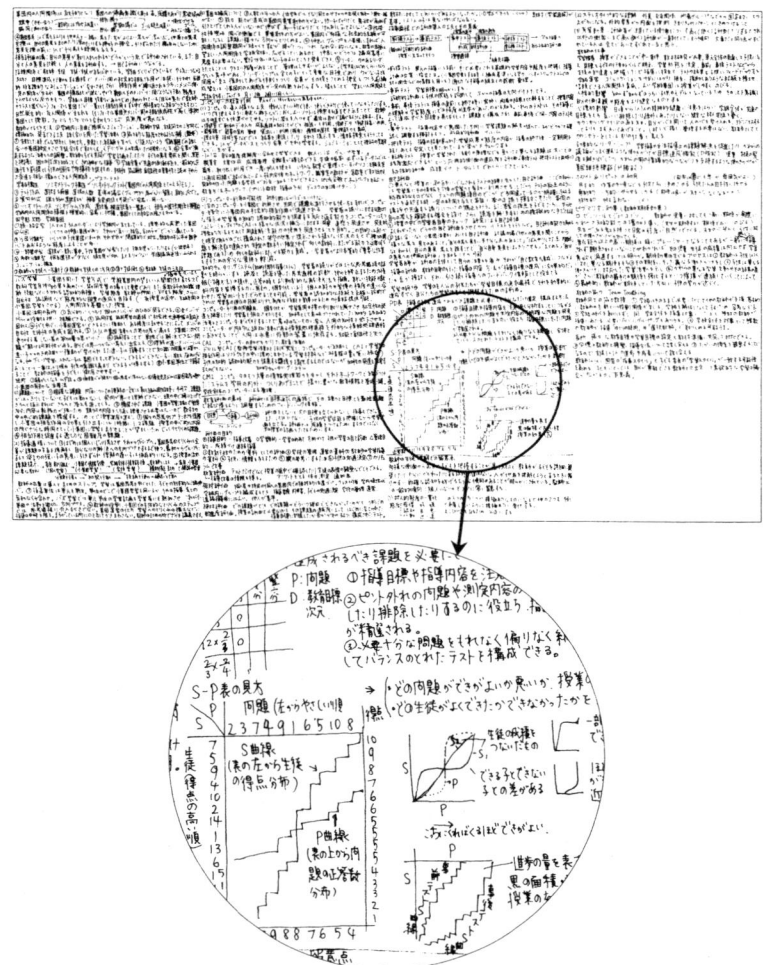

図1-2 学生が作った「公認カンニングペーパー」の例

(3) 学生の感想

テストに「感想」を記入した学生は140人 (73.3%) いました。自由記述の形式で回答を求めました。

「毎時の課題明示」の手続きには35人の学生が言及していました。「知識

表1-2　1992年度試験結果

点　数	人　数	（％）
90～100	112	(58.6)
80～ 89	45	(23.6)
70～ 79	23	(12.0)
60～ 69	10	(5.2)
60未満	1	(0.5)
合　計	191	(100.0)

の定着に役立った」「学習のポイントが分かりやすかった」「意欲、興味がわく」「勉強しやすい」といったコメントが寄せられました。また、「この授業の進め方を自分もやってみたい」という者が7人いました。「講義でなされたよい指導法と同じ進め方をしてくれた」という指摘が4人、「病気で休んでも友だちのノートを見せてもらうと内容が分かった」という予想しなかった長所を指摘する者もいました。

全般的な感想として、「興味深かった、新鮮な内容だった」と書いた者は24人、「熱心に受講した、集中できた、やる気が起きた」と書いた者は14人、「分かりやすかった」という者は17人、「楽しかった」は4人いました。「教師という仕事への認識が変わった」（6人）、「子ども観が変わった」（4人）、「指導観が変わった」（7人）など、考え方の変化に言及した学生も見られました。また、「教育実習にすぐ役立ちそうな内容だった」（19人）、「具体例を挙げてくれたのがよかった」（6人）などの評価もありました。

宿題については24人が「学習に役立った」という趣旨の回答をし、その内のいくつかは「試験のときあわてずに済んだ」「よく理解できた」「レポートを書くよい練習になった」「宿題を書かなくてはということで授業をよく聞いた」といった理由を付けていました。

学生自身の受講態度に関する感想も多くありましたが、その内容はバラエティに富んでおり、ほとんどが1、2人の感想でしたが、「自分の経験を振り返りながら聞いた」「授業に参加している気がした」「教師の立場に身を置いて聞いた」「授業中考えさせられた」といったものがありました。「学生の態度がよくて静かだった」という者もいました。

「ノートをとりながら聞くのは難しかった」「板書が少ない」「教室が窮屈」「もっとVTR、補助教材を」「教科書そのものの解説をもっと多く」というような要求もそれぞれ1、2人から出されましたが、総じて感想は好意

的な内容でした。私が意図していた仕掛けに対しての言及が多かったことも手ごたえでした。試験と同時のアンケートですから、その傾向に偏りはあるでしょうが、それを割り引いても学生のウケは悪いものではなかったように思います。

6　まとめ

教師が積極的に授業改善の試みをした場合、学生の学びは大幅に改善される、このことがこれほど明確に示されたのには、正直言って驚きでした。内容の習得面でも、授業そのものへの評価でも、好ましい結果が得られました。

大学教師の多くは、担当する科目の学識が深いことが授業の最も大切な要件と考えていると思います。後は話術の問題だと考えがちです。しかし授業成功の秘訣は、教える側の「論理」面だけでなく、学ぶ側の「心理」面を考え、両者を調和させるところにあります。

この実践では、課題明示によって、学生の学習参加の条件づくりをしました。理解度を確かめ、定着を図る仕掛けを組み入れました。授業改善は教師の個性とのかかわりもあります。それぞれに改善への探求が必要でしょう。ただ、その基本は、学ぶ側の学習意欲喚起というところにあることは、共通の認識として持っているべきでしょう。

実践事例❷──学生が進める三方向授業

1　三方向授業への着想

大学の授業では、教師と学生のやり取りを含む双方向授業が必要だとよく言われます。受身で話を聞くという場合は、よほど学生の要求に合った、しかも分かりやすい内容でない限りは、意欲がわくことはありません。学生か

らの積極的な発言を組み込みながら、問答形式で講義を進めることは有意義だと思います。

　私は教育心理学の中でも、小、中、高校の学習指導法の開発を研究テーマとしています。とくに、学び合い、高め合いを学習の過程で重視する協同学習に主要な関心を置いています。ですから、大学の授業でも、双方向に加えて、さらに学生相互のやり取りを含む、三方向の授業がより有効だろうという発想をしてしまいます。学生の学びへの主体的参加を意図するのならば、双方向よりさらに一方向加えるべきなのではないかと。

　この実践は三方向、とりわけ学生相互の意見交換が十分なされるようになる工夫を特徴としています。科目は文学部心理学科の専門科目「教育心理学」。通年4単位の授業です。教育心理学は、心理学の方法をもとに教育のさまざまな現象を扱い、実践に対して有用な知見を作り上げていくものです。実践と切り結ぶ意図のない研究は、心理学ではあっても教育心理学ではありません。したがって、研究者の問題意識が問われますし、学生も学習内容を単なる知識として位置づけるのではなく、自分なりに現実との接点を見つけていかなくてはいけません。

　そこで、教師と学生の双方向にとどまらない、学生相互の情報交換の道筋を作っておくことの意義が生じます。学生相互の意見交換は、彼らなりの教育心理学の知識の適切な内面化に役立つものになるでしょう。

　ただ、学生間のやり取りの機会を保証するだけでは、授業の組み立てとしては十分ではありません。同じ教室にいる彼らが、学び合い、高め合い、ともに伸びようという明確な意識を持った、協同的な学習集団をそこに作ることが必要になります。「協同」は、先にも述べたように、単なる助け合いのことを言うのではありません。時には厳しい批判を交換し合う中で、ともに成長するという過程を含むものでなくてはいけません。したがって、有意義なやり取りについては教師が適切に評価を加え、その値打ちを学生に自覚させる必要があります。あわせて、そのような学び合いの結果、確かに成長したなという手ごたえを、個々に自覚させる必要もあると考えられます。

三方向の相互作用が交わされる授業では、教師にはコーディネーターとしての役割が期待されます。

2　実践のポイント

この実践は、次のような特徴を持つものです。まとめてみましょう。

(1) 学生による授業

ゼミなどでは受講生に課題を割り当て、順にレポーターという形で報告させる授業が一般的です。この授業でも、一種のレポーター方式をとったのですが、自分の調べたことを、教師向けに、そしてついでに仲間向けに報告するという普通の形ではなく、仲間の学生に向けて、彼らによく理解されるような工夫を加えて授業するという形にしました。

(2) 授業づくりの工夫

レポーターが授業を行うに際しては、一方的な講義調にならない工夫をすることを条件としました。単に授業をしなさいと言うと、学生たちは自分が経験した一斉講義方式、悪く言えば、自分が話しておしまい、相手が聞いていようといまいと関係なし、という形になってしまいます。セレモニーで終わるような授業に疑問を持っていないのです。そこで、効果的な授業を行うための工夫について、私から若干の事前指導をレポーターにしておきます。

(3) 授業通信の発行

毎回の授業で何が行われたかを内容とした授業通信を発行します。それは学生に役割を与えて作らせます。その授業を学生がどう受けとめ、どう学んだかに関する情報として教師に役立ち、学生には何を学んだかを確認する手立てとして役立つものになります。

3 授業の準備と進め方

(1) 授業の組み立て

　教育心理学は通年の科目です。そのうち前期は私の講義を中心とした教育心理学概論の授業をします。一方向授業が中心ですが、先に触れた「課題明示」の方式を一貫させた、「頭の参加」を促す方式を用います。そこでは、教育心理学の知見の包括的な紹介にとどまらず、家庭教育や学校教育との関連についてもできるだけ言及しました。さらに、そのような教育的な課題を考える上で、教育心理学の拠っている実証的方法の意義についても積極的に触れていきました。

　前半にこのような教師主導型の授業を入れ込んだのは、後半の学生主体の活動を、きちんと裏づけのあるものにしたかったからです。よく、学習者の興味・関心の尊重ということが言われますが、基本的に学習者は新しい学習領域に関しては素人です。素養のない者が自分の経験から思いつきを羅列しても、価値あるものが出てくる可能性は高くありません。むしろ、テーマの深みのなさゆえに学習に飽きてしまうことの方が多いのです。

　この前半は、後半の授業で根拠ある討論ができるように、また、教育心理学の実証的な方法を踏まえた議論ができるように、その「仕込み」として行ったものです。

　後半は前述の3点の特徴をもつ、学生主体の三方向授業を進めます。

　報告する実践は1998年度実施、2～4年生、46人を対象としたものです。

(2) 学生へのガイダンスとグルーピング

　後期授業の第1時間目は、授業の進め方についてのガイダンスと、授業担当学生のグループ作りをします。「授業の進め方」として、次の内容を記した資料を配り、解説しました。

　① 各グループのテーマを3人で分担し、その内2人がレポートする。発

表要旨はＢ４用紙を用いる。枚数は自由。

　要旨は、授業開始15分前までに（できれば前日に）杉江研究室に持ってくること。その後印刷する。間に合わなかったときは自費で47部印刷する。なお、要旨は教科書のような重要な教材だという観点で作成すること。
② 　レポーターの持ち時間は2人で45分、残りを質疑と私のまとめの時間とする。
③ 　グループの残った1人は「記者」とする。「記者」はその1時間の授業を取材し、「ニュース」を作り、次回に配布する。印刷のため、授業15分前までに（できれば前日に）杉江研究室に持ってくること。
④ 　レポートに必要な資料は各自で探すことが原則だが、適切なものがある場合は杉江が貸し出す（返却は速やかに）。
⑤ 　なお、最初に決めたものより興味あるテーマを見つけた場合は、それに変更してもよいので、申し出ること。

　この後にグルーピングを行いました。籤による方法によったため、学年も混成の3人グループができました。授業時間数の制約がありますから、46人全員が発表者または記者に当選しません。そこで、グループから外れた学生には「特番記者」という肩書きを与え、どの授業でもよいから、自分の関心のあるテーマを選んで「特番ニュース」を発行しなさいと指示しました。これで全受講生の授業貢献への平等性を確保したのです。

(3) グループの課題

　課題は私があらかじめ選択肢を出し、その中から選択するという形をとりました。次のようなものがその選択肢です。
　遊び／家庭／学級／教師／部活／教科書／塾／地域／マスコミ／早教育。
　各グループで相談し、テーマ選択の希望を出し、選んだテーマが重複した場合は話し合いで調整するという手続きで、取り組むテーマを決定しました。

(4) **1時間の流れ**

レポーターグループには、レポート担当の1週間前の授業の後に授業づくりに関して短時間の指導を行います。おおむね次のような内容です。

① そのグループの問題意識を確認し、授業可能なテーマであるかどうかを診断する。関心が広がりすぎていることが多いので、絞り込みの助言をする。
② 問題意識に関する資料を貸与し、図書館など、関係資料の所在についての情報を与える。
③ フロアの学生を授業に参加させるための技法を教える。発言しやすい発問の仕方、グループで話し合わせるタイミングや課題などを内容とし

> ●──**クラス全体を協同的にするための工夫**
>
> スモール・グループでの協同的な活動は意欲を高め、学習効果を上げる重要な手法ですが、教師が全員に対して一斉に講義をしている折などにも、意欲を持って受講する雰囲気を持ってほしいものです。そのためには、受講クラスそのものが、互いの高め合い、学び合いを目指す集団に育たなくてはいけません。スモール・グループの中での学び合いをクラス全体に広げていく工夫として、私が「お出かけバズ」と呼んでいる方法を、機会あるごとに取り入れるのも効果的です。「バズ」とは、一斉指導の最中に短時間導入する話し合い活動のことです。「お出かけバズ」は、グループの中で話し合った内容を確かめ、広げるための工夫です。
>
> 4人グループで話し合わせているとしましょう。一定時間話し合い、グループ内での意見交換が終わったころに、2人をその場に残し、右回りか左回りでメンバーの1人を隣のグループに、もう1人のメンバーを一つ飛んで隣のグループに移動させます。残った2人のところには、隣ともう一つ隣から、新たに2人入ってきます。その4人グループでの意見交換をしばらくした後、メンバーをもとのグループにもどすと、一つのグループに左右合計4つのグループからの知恵が入ることになります。
>
> この方法は学生に大変受けがよく、もっとやりたいと、その機会を請求されるほどです。幅広い交流を促し、クラス全体の積極的な学習への雰囲気づくりにも役立つ手法です。

た。また、要旨の書き方についても指導した。

　そうして1時間の授業がはじまります。レポーターの学生は教壇に立ち、だれが教師役を演じるかはグループに任せられていましたが、多くは2人で前半、後半を分担するというものでした。教師役でない者が板書を受け持ちます。双方向性を重視した学生による授業を終え、次は質疑に入ります。それまでにさまざまに参加しながらの授業ですから、フロアから相当数の意見が出されます。最後に私がテーマに即したまとめをするのですが、学生の活動に時間をとられ、数分しか残らないということがほとんどでした。

4　授業の実際

(1) 事例①――遊び

　この授業は学生による第1回目の授業であり、比較的オーソドックスな流れで進められました。レジメ1枚と遊びに関する調査資料2枚が配布されました。前半はレポーターの講義による遊びの定義とその発達的意義の確認がなされ、後半は遊びの変化を親の世代と比較し、変化の生じた理由と、その変化が子どもの発達にもたらす影響を考えるという内容でした。後半部分は、フロアからの意見を広く聴取する問答形式で進められました。

　次週に出されたこの時間についての「ニュース」では、話し合いの内容の要約と私のまとめ（まとめがそのように理解されたのかという情報として有効です）、最後に記者の感想が書いてありました。授業の後、子どもたちの遊びのようすに目が行くようになり、そこでさまざまな学習がなされていることを実感したという趣旨のものでした。

(2) 事例②――学級

　この授業ではNHKが放映した「学級崩壊」の番組ビデオをレポーターが捜し出し、全員で視聴することではじまりました。視聴に先立って次のよう

な表現でフロアの受講生に課題が出されました。

　ここ数年、学級崩壊という現象が深刻な問題となってきています。学級崩壊は、その名のとおり学校の教室内で起こる現象です。しかしながら、学級崩壊は、果たして学校という組織の中だけの問題なのでしょうか。今回は、学級崩壊の現状をビデオで見て、学級崩壊が起こる背景には一体何があるのか考えていただきたいと思います。
　また、以下の立場に立ったとき、自分だったらどのように感じ、考えるかということを念頭に入れながらご覧ください。
　自分が子どもだったら／自分が教師だったら／自分が親だったら／自分の学区内の学校だったら

　その後、原因と解決策について意見交換を求める形で授業が進められました。また、授業の最後に次週のグループが、自分たちが扱うテーマ、「マスコミ」に関するアンケート調査を全員に行いました。
　次週出された「ニュース」は、授業の中での討議を、先に示した課題にそって整理した内容のものでした。さらに、授業の中で出された学級崩壊に対する保護者の意見を知りたいというフロアからの要望に応えて、インターネットで捜し出した情報を付録として付けてありました。

(3) 事例③――部活

　この授業は、教育課程における部活の位置づけと、生徒の参加実態について、調査データを踏まえた解説からはじまりました。次に指導事例を、これも実際の実践資料を使って解説します。
　その後、座席位置の左右で受講者を半々に分け、学校部活に賛成か反対かというテーマでディベートを行わせました。レポーターの学生が司会を行い、大変活発な意見交換が行われました。次週のニュースでは、ディベートの過程で出されたさまざまな賛否の理由が掲載され、この問題への認識の広がり

を明確に見て取ることができました。

(4) その他の事例

　回を重ねるにしたがい、学生の方からさまざまな工夫が出されるようになっていきました。「早教育」では、名古屋市内にある早教育教室「プラトンスクール」や「河合塾ドルトンスクール」などのパンフレットを、それぞれの教室に出向いて集め、資料としたり、「塾」では、授業開始時に受講生の通塾経験を調査しておき、経験の有無で座席を分け、司会のとり回しをしやすくしたり、受講者に授業の終わりに通塾経験のアンケートをとり、次週の「ニュース」に結果を掲載したり、というような活動を見ることができたのです。それらは私の事前指導を越えた試みでした。

5　教師の指導の留意点

　学生主導の授業過程では、教師は放任的リーダーとして振る舞えばいいわけではありません。この形の授業は、学生の反応に心を配りながら進めていく講義と同様に、非常に疲れるものです。

　学生が準備してくる授業の組み立ては、その場でなければ分かりません。その流れをつかみ、学生の講義内容に誤りはないか、要素的な思考に陥っていないかなどに気を配り、時に応じて発言する（最小限に押さえる必要があるが）、ユニークな視点やすぐれた考察についてメモをしておき、後のまとめの際に役立てる、さらに、講義の流れをスムーズにしたり、ステップを明確化したりするための質問をする（これも最小限に止める必要がある）、など。

　レポーターからフロアの学生に対する発問は、事前に指導しておいても、漠然とした形であることが多いので、どのような回答を求めているのか、フロアに明らかに戸惑いがあると感じられる場合は発問の趣旨を確認したり、言い換えをしたりして援助します。また、回答についても、趣旨もあいまいなものは確認を求め、次の議論の材料になる形にします。

教育心理学 NEWS　　第 1 号

1998 年 9 月 20 日
記者：9×L×1×　△△▽▽

先週の"お題目"　—子ども・親・学校—
● Reporter の発表内容　—Reporter □□◇◇ ＆ ○○☆☆—

　最近の親は、子どもに「自由」ばかりを与え、「しつけ」といった家庭での教育は行われていない傾向がある。その結果「家庭の教育力」は低下し、最近テレビ等でも取り上げられるようになった「学級崩壊」等が起こっている。今の「学級崩壊」といった学校の現状を「子ども・親・学校」の三者が<u>責任のなすり合いをせず</u>、協力して、状態を改善させるべきなのだが、この三者は協力しあえる関係にあるのだろうか。□□・○○の両者は、「子ども・親・学校」の三者がお互いに求めていることを図にあらわし（下図参照）、そしてその食い違いについて話を進めた：

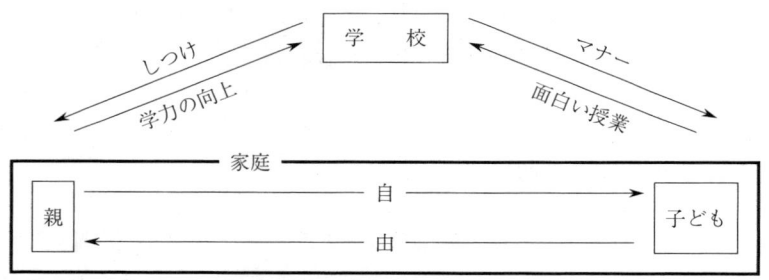

```
            学　校
     しつけ  ↙ ↘  マナー
   ↙ 学力の向上    面白い授業 ↘
  ┌──────家庭──────────┐
  │        自              │
  │ 親 ──────────→ 子ども │
  │   ←──────────       │
  │        由              │
  └──────────────────┘
```

　　　親　…学　校：子どもの学力の向上を求めている
　　　　　　子ども：自由に育って欲しいと願っている
　　学　校…　親　：ちゃんと子どもにしつけをすることを求めている
　　　　　　子ども：マナーを守ることを求めている
　子ども…学　校：面白い授業をして欲しい
　　　　　　親　：自由にさせて欲しい

　この図から見ると、「親―子ども」間だけ「自由」という言葉の上では、お互いが求めていることが一致している。しかし、両者の「自由」という言葉の捉え方は全く異なっている。子どもは「誰からも干渉されたくない」という意味での自由であり、親は「あれしちゃいけません、これしちゃいけません」と拘束をしないという意味での自由を相手に求めている。「親―子ども」間の関係は「家庭」という形で、学校との関係よりも強くなっている。それゆえ学校は孤立化し、「家庭」からの非難の対象となりがちである。

　□□・○○は最後に「家庭、特に親がもっとしっかり子どもにしつけをすれば、問題はもっと良い方向に改善されるのでは」と<u>家庭の教育力の向上</u>を訴え、発表は終わった。

図 1-3　ニュース事例

●てぃーちゃーず "words" ―先生のお話―
・しつけとは…規範の内面化。人に不快を与えない最低限のこと。
・親について…「自由」と「放任」の区別ができていない。自由＝放任になっている。
・家庭とは…子どもの初期経験の場。パーソナリティのベースになる部分が作られる。そのため、親は心身ともに余裕を持って子どもに接することが必要。昔の村などにはしつけのための隠れたカリキュラムがあった。そのため、親だけでなく村全体で子どものしつけを行っていた。しかしそれがない現在、個々の親が各家庭でその「隠れたカリキュラム」に代わるものをつくらなくてはいけない。
・学習モデルの不在（o.g. 父親不在）や母親に対する育児の負担の大きさ。

●まい "opinion" ―好き勝手言わせていただきます―
　唐突ではあるが、スーパーに買い物に行ったことのある人はいるだろうか（「ない」という人はいないと思うが…）。レジを済ませて買い物袋に買った物をつめていると、必ず目にする光景がある。それは、世間のいう「オバチャン」が、使い終わった買い物カゴを片づけもせず、そこら辺に置きっぱなしにして帰っていく姿である。たとえすぐ近くに「カゴ置き場」があっても、片づけていかない。私は、彼女たちの買い物の残骸（＝カゴ）を親切（？）に片づけながら、「あんな親に育てられた子どもはどんなだろう」と怒りまじりに思うことがよくある。
　お片づけのできない「オバチャン」の子どもはどんな子か。それは意外に、今「学級崩壊」を引き起こしている小中学生の親が、ちょうど当てはまるのではないだろうか。モラルのない親が子どもを育て、その子どもがさらに子を育てる……はっきりいって、このサイクルでは、きちんと「しつけ」された子どもが育つことはとうてい望めない。
　子どもは親を選べない。もちろんこれは、バカ親のもとに生れてきた子どもにもいえることである。この世に生れてみたら、バカ親だったから「はい、さようなら」といって新しい親を探すことはできない。運が悪かったと思ってあきらめるしかない。そんなかわいそうな子どもを救うためにも、社会全体でバカ親の大量生産をくい止める方法を考えなくてはいけない。

●本日のおすすめ　―推薦図書―
・「家庭のしつけ」「学校のしつけ」についての特集が載ってます
『児童心理』1995 年 4 月号
・E. Erikson の発達理論についてお勉強したい方はどうぞ
『ライフサイクル―その完結』村瀬孝雄・近藤邦夫訳　みすず書房 1989 年

なお、授業中の教師の発言では、学生を批判する内容は一切せず、良いところを見つけることに努め、一貫して受容的な態度で接します。学生同士で話を進めているのだという雰囲気を作るように心がけます。学生の中には一つひとつの発言ごとに教師の顔をうかがう不安傾向の強い者もいますが、基本的にはうなずき返し、不安を除くようにします。

　以上の配慮に加え、最後の数分のまとめのために、それぞれの授業内容にそった要旨を短時間で作っておきます。その中で、先にメモした内容、すなわち押さえておくべきことがらで抜け落ちている部分の解説や、レポーターの講義ですぐれた着眼などを入れ込むようにします。とりわけレポーターやフロアの発言のよい側面をまとめに取り入れていくことは、学生の受講意欲を高めるのに役立つと思います。ただ、教師に残される時間の長さは不定であり（5～20分位の範囲）、時間の調整も考えに入れなくてはいけません。

　なお、毎回、それぞれの課題についての認識を深め、問題意識を高めるのに役立つと考える資料を、私からも配布しました。

　事前指導に際しては、学生参加の指導技法をある程度教師が知っておく必要があります。当初は学生はそのアドバイスを踏襲することが多いのですが、比較的早くからさらに工夫を自主的に加えていくようになり、教師の方も学ぶところが大きくなっていきます。

　毎回出させる「ニュース」は、それをおもしろい読み物にするための仕掛けも必要です。お座成りなものにならないために、今回は前年度の「ニュース」からレイアウトの良いもの、内容の充実したものを、モデルとしてガイダンス時に配布しました。それが基準となり、イラストがたくさん入れられ、読み物としても楽しく、発行者自身も楽しんで作っていると感じられる「ニュース」が多くを占めることとなりました。

6 授業の成果

(1) 授業への参加

　46名の受講者の中で年間に脱落した者は2名でした。出席は第1回目が40名（87％）、第6回目は42名（91％）、第12回目は40名（87％）、一貫して高率でした。学生の受講態度は総じて意欲的であり、自発的発言が毎回多く見られました。

　参加度は、毎回のレポートの質からもうかがうことができました。前の週に私が事前指導を行うのですが、多くのグループはすでに問題を絞ってきており、資料収集もはじめていました。当日配布の資料も数枚におよび、努力が認められるものでした。

(2) 内容の習得

　単位認定は「教育心理学：こんな研究が必要；テーマと問題意識、研究計画」という題のレポートと出席点（主体的学習経験も目標と考えるため）で行いました。問題意識の展開は興味深い内容のものが多かったのですが、研究計画にまで踏み込んだ題であったため、学生にとっては困難度が高かったようであり、レポートでは8割以上の点数を与えることのできた者は10人（22％）にとどまりました。指導内容と評価の一貫性という点で、私の方が反省すべき点があったように思います。

(3) 成果のまとめと課題

　この方式では、学生の積極的な授業参加がなされたというところに大きな成果があると考えます。出席率の高さ、授業過程での自発的発言、授業後の学生の個人的感想、レポートの内容の広がりに見られる積極的準備、楽しんで書かれている「ニュース」などが、積極的参加を示す指標です。

　また、教育問題を中心としたテーマの授業は、学生自身のこれまでの生活経験、学校体験を振り返る機会となります。レポーターからの発問も経験に

基づく意見を求める場合が多く、受講者は自身の発達過程を振り返る機会となりました。本人の不登校経験などプライベートな内容についても比較的気軽に開陳する発言が早くから出はじめ、40人を越えるクラスサイズでありながら、自由な発言のできる準拠集団的雰囲気が形成されたのも興味深い現象でした。自身を開くことの少ない現代の大学生にとって、貴重な同時学習がなされる場になったのではないかと思います。

　教育心理学の事項の習得については、それに対応した評価をしませんでした。単位認定のために提出を求めたレポートでは、学生それぞれの関心にそって、長文にわたる問題意識を書いたものが多く見られました。ただ、前期の学習内容との有機的な結びつきを示すものは残念ながら少なく、課題が残ったと言えるでしょう。

　学生のほとんどは人前できちんと話す経験をしてこなかったと言います。そのためか、当初尻込みを見せた彼らでしたが、いざはじまるとその懸念は不要でした。彼らが話しやすい環境を設定しさえすればいいのであり、それが教師の重要な仕事であると感じます。学生は仲間とともに学ぶ形態を明らかに好みます。高校などで学習に失望してきた学生に、学びの本来の姿を体験させることは有意義でしょう。

　なお、この実践のような手法は、系統性が重要となる科目では導入しにくいと思います。この実践でも、前期は教師の講義を行い、系統的な学習をした後に学生に任せる授業に入っています。教育目標に応じた指導法の組合せを考えることが大切だと考えます。

　この実践ではしかし、前半の教育心理学の原理が、実際の教育課題の理解や対応策の検討で十分に生きなかったことが課題として残りました。学生は議論の過程で教育心理学の原理の運用という発想を十分持たなかったようです。三方向という授業のスタイルそのものの問題点ではないと思いますが、この辺りへの教師の働きかけについて、さらに工夫すべきだと反省しています。

実践事例❸――多人数授業で進める協同学習

1　多人数授業でも協同学習は可能

　三つ目の実践は、多人数、大教室で協同的な授業過程を仕組み、授業内容の習得を高めるにとどまらず、協同を体験させるという同時的な目標達成を図ったものです。

　協同学習は、日本では、小、中、高校でバズ学習、グループ学習といった呼び名で実践されてきました。近年、「個を生かす指導＝個別指導」というような浅薄な教育論や実践図式がはびこる中で、協同的な学習に対する関心が停滞してきている感がありますが、興味深いことに、このところ、アメリカをはじめとする先進各国で最も関心の高い指導法は、協同学習（Cooperative Learning）なのです。日本で開発されたバズ学習という協同学習理論は「人間関係が教育の基盤である」という基本仮定をその基礎としているのですが、外国の協同学習も同様の観点に立って実践されています。集団主義的といわれる日本だけでなく、個人主義的と考えられているアメリカでも、協同が学習の原理として注目を浴びてきており、その効果は人間関係の改善に加えて、内容の習得面にも及んでいます。このことは、皮相的な文化を超えて、協同が人間の学習の共通原理であることを示唆しています。

　この協同学習が、小、中、高校のような40人程度の学習集団でならばいざしらず、150人から200人程度の大講義で可能なのかという疑問が当然わいてきます。それだけの人数をコントロールできるのか、スモール・グループの活動をどのようにさせるのか、課題はたくさんありそうです。ただ、私は、学生に取り組ませる課題の工夫と、グルーピングの工夫を適切に加えれば、後は、協同学習が、学生の学び合い、高まり合いという、互いの成長欲求にそった指導原理である限り、可能であると考えました。

　しかし協同学習は容易ではありません。教師が壇上で協同しなさいと言う

だけでは、うまく学習が進むことはありません。この実践は小、中、高校の協同学習の実践づくりを専門としている私の力を、大学の、しかも多人数相手という新しいフィールドで試そうというものでした。その工夫についての素養は持っていましたので、勝算は相当ありましたが。

2 協同学習実践の概要

(1) 授業の組み立て

　ここで報告する実践は、体育学部3年生の150人と200人の2クラスの多人数授業でスモール・グループを活用した協同学習です。科目は「学習指導の過程」、教職課程の、教育の方法と技術に関する科目です。

　授業が協同学習であると言えるためには、学級全体がともに成長することが目標であることを学習者に認識させ、学生同士のさまざまな関わり合いの機会を設定しなくてはなりません。しかし、100人を越える集団では、成員全員が互いに顔を突き合わせる形での一体性を持たせることは難しい。小、中、高校での学級単位の指導とは違った指導過程を工夫する必要が生じます。一方、大学の授業は中学、高校と違って、成績の序列を問題にすることはありません。習得の程度による絶対評価を用いていますから、それは協同場面を設定しやすい背景となります。

　1998年度後期に実施したこの授業では、第1回と最終回の授業を除いて、前半60分を教師による一斉授業、後半30分を学生による小集団協同学習、という形で進めました。

　前半60分の一斉指導では、学生の学習への参加を促すための「学習課題明示方式」を用います。そこでは、さまざまな指導法の意義と方法を、実践的資料を加えて、生きた適用が可能だという認識を持たせるべく内容を組立て、講義します。視聴覚資料も積極的に活用します。

(2) 小集団協同学習の内容

学生による小集団協同学習では、協同学習の実践集『学校は変われるか』（有元佐興他編、日本教育綜合研究所、1997 年）を全員に持たせ、毎週 1 章ずつを指定し、小集団単位で検討させ、次週にその内容に関するグループ・レポートを提出させます。教材として取り上げた各章の題と内容は次のようなものです。

　「授業公開と魅力ある学校づくり」：年に 3 回、各 1 週間、学校の全面開放を行った文京区立第六中学校の実践。公開に伴う実践づくりの努力にも触れられる。また学校態勢での取り組みが紹介される。
　「人間理解を基盤とした国際理解教育」：春日井市立南城中学校での、長年にわたる国際理解教育実践の報告。国際理解を皮相的に捉えるのではなく、人間理解を基盤に捉えた協同学習実践を行ったもの。
　「コンピュータと協同学習」：コンピュータが、その通信機能を活用した双方向授業に応用されるようになった実態と、それを単なる情報交換の手段とするのではなく、端末の双方にとっての協同学習になるよう進めるための観点が示されたもの。
　「確かな人権意識を育てる社会科学習指導」：男女差別問題をテーマとして、NIE 学習、ディベート、バズ学習、ロールプレイなど、さまざまな手法を課題に応じて適切に工夫した春日井市立南城中学校の実践。

その他、数学の苦手な高校生に対する配慮の行き届いた実践、会話を中心に組み立てた生徒主体の英語の授業実践、小集団活動を積極的に組織した体育授業、帰りの会を利用した学級集団づくり、教師集団づくりを核として荒れを克服した中学校の実践、いじめを起こさせない普段の指導体制づくりの取り組みなどが小集団協同学習教材の内容でした。

3　協同学習の実際

(1) 学生への教示

　学生は、多人数講義の場合は一斉講義方式が当たり前と考えています。そこに新しい方式を導入する場合、彼らの中に違和感が生じるのは当然ですから、その方式を導入しようとする教師の側の意図と、その方式の積極的な意義を説明しておく必要があります。授業は教師と学生で作り上げるものであり、その進め方については双方の共通理解が大切です。

　この実践では、授業の第1時に授業の方法とその意義を説明しておきます。下の内容の小集団協同学習の進め方についての資料を使います。

① 　座席位置：5人がひとかたまりになるように座ります。
② 　話し合いの課題：毎回検討すべき論文を指定します。また、その論文の内容にそって具体的な課題を出します。その課題に対応したグループ・レポートができるように話し合います。グループでの思考が適切かどうかでレポートの内容は決まります。
③ 　話し合いの司会者はグループで決めましょう。持ち回りで、レポート作成を担当した人がするというのもいいでしょう。
④ 　話し合いの進め方：はじめは論文を個人で読みます。課題に留意して理解します。この個人での取り組みをおろそかにしないように。メンバーの大部分が読みおわったら、話し合いをはじめます。課題にそって意見を出し合います。
⑤ 　話し合いが早く終わっても退室してはいけません。時間いっぱいまでレポートを協力して書く時間にあてます。
⑥ 　グループに所属しない人は同じことを個人でやります。
⑦ 　グループ・レポートの成績は発表します。個人レポートは発表しません。成績は厳しく付けます。課題にきちんと答えているかどうか、そして考えが練りあげられているかどうかがポイントです。

⑧　グループ・レポートは必ず持ち回りで分担します。1人の肩に押しつけないように。
⑨　講義の内容についても、仲間同士でより正しい理解ができるように、助け合うことが必要です。
⑩　ポイントは、大講義ではあっても、受講者全員が「学習指導の過程」の授業でともにきちんと学び、良い教師としての資質を互いに伸ばし合うところにあります。学び合う仲間であることを確認しましょう。

　小、中、高校でも、協同の意義に対して最も感受性が鈍いのは教師です。学習に際しての協同の重要性は、大学生も総じて容易にそれを理解し受けとめてくれますから、方法を協同学習に変更することが学生に受容されるかどうかを心配する必要はありません。

(2) **グルーピング**
　この実践ではスモール・グループは5人としました。編成基準はとくに設けず、学生の選択に任せました。所属クラブが同じというグループが最も多かったようです。5人を原則としたため、ペアと3人グループを合わせる場合もありましたが、基本的には知合い同士の集団となりました。効果的なスモール・グループの編成基準は、集団内の異質性を高めることですが、大学の授業では学生一人ひとりの特性についての基礎資料がありません。大人としての話し合いの力を期待して、最適のグルーピング条件を実現できないことについては目をつぶることにしました。
　200人規模のクラスでは40集団、150人規模のクラスでは28集団ができました。当初欠席し、どの集団にも所属しなかった学生は両クラスで3名でした。
　各グループにはメンバーの名前5人を書き入れることのできる登録票を渡し、次時までに提出するよう指示しました。また、集団としての意識を持たせるために、グループ名も登録させました。「孝徳寮」「敬球寮」といったク

ラブの寮の名前をつけたもの、「フカマチ」「あや子と愉快な仲間たち」のようにリーダーの名前を冠したもの、「徹子の小部屋」「チャーミーグリーン」「日光湯けむり殺人事件・続編」「鬼平犯科帳」のような、受けを狙ったものなど、多様なものが見られました。以後、毎回のグループ・レポートの成績はこのグループ名で公表しました。

なお、授業の後半には話し合いをすることは分かっているのですから、座席位置はグループ単位で座らせることになります。初めの数回は、グループとしてまとまって話し合うことのできる座席位置かどうか、机を回ってチェックしていきます。この折の指導で手抜きをしますと、次第に話し合いは怠惰になっていってしまいます。本当に話し合いをするのだという環境設定は重要な配慮です。

(3) 集団への課題

30分の小集団での協同学習の課題は「充実したグループ・レポートを作成するために、当該原稿の主旨を確認し、不明点を明らかにし、より深い読取りを図ること。それによってレポート担当者の助けとすること」でした。協同学習の際には、このように、グループに与える課題を明確にし、徹底することが何より大切です。

各小集団は30分の間に課題の原稿に目を通し、レポートのポイントを話し合います。ただ、指定した原稿を漠然と読むのでは適切なレポートを期待することはできません。感想を書きなさいという程度の教示では、学生は何を書いてよいのか分からないでしょうし、本人も不満足なレポートを書き続けるならば、学習意欲が高まらないでしょう。実践原稿の読み方のトレーニングの意味もかねて、毎回、それぞれの原稿を読むための視点を、原稿の内容に即した「課題」という形で私が示すことにしました。2の(2)に紹介した社会科の人権教育を扱った原稿のときには、次のような課題を板書で示しました。

レポートの課題：次の項目にそってレポートを書きなさい。

(1) 人権学習で生徒の交流を活用するメリットについて
(2) どのような課題に対してどのような技法が使われたか
(3) この実践のすぐれた点
(4) その他

さて、しかし、授業後半の30分間、教室全体で150〜200人がそろって見事に話し合いをしたわけではありません。学生に十分な学習態度が育っているわけではありませんから、はじめの頃はとくに机間巡視を欠かすことはできません。主には話し合いの仕方についての指導をしていきます。同時に、個別に解説を加えるなど、教壇の前だけでは実現できない双方向の指導も可能になるのはこのときです。

多くの場合、30分という時間は十分ではなく、受講生はレポート作成のために寮や下宿で集まって相談したという話をしばしば聞きました。二つの

● ── グループの話し合いに個人思考をしっかりといれ込む工夫

　グループでの話し合いの折には、それに先行して個人でのじっくりとした思考のステップを入れるべきだと本文でも書きました。そうしてこそ集団の持つ知恵が十分活用できるからです。ただ、それが「考えたつもり」程度のものでは、メンバー個々の話し合いへの参加と貢献は不十分なものとなってしまいます。
　そこで私は小道具を使います。4人グループならばA4用紙の下の部分にグループの結論を書く欄を設け、残りのスペースを4分します。そして、グループにその用紙を1枚配布し、同時に10cm×7.5cmの、比較的大きいポストイットを3枚配布します。個人思考の折に1人は用紙の4分の1の場所に自分の意見を書き、残りのメンバーはポストイットに自分の意見を書きます。ほぼ全員が書き終わったところで（途中までの者はそこで締め切って）、3枚のポストイットを配布用紙の残りの4分の3のスペースにそれぞれ貼り付け、四つの意見を4人が同時に眺めながら意見交換をし、グループとしての結論を出していくようにします。
　学生は互いの意見に対して非常に興味を持っています。個人思考のステップは適度な緊張の中で、非常に熱心に行われます。個々にしっかり考えた後に話し合いを行いますから、話し合い活動もそれぞれのメンバーの参加の偏りが少なく、活発になされるようになります。

グループで協力したという事例もあったようです。

(4) 評　価

　グループ・レポートを最初に回収し、評価したときに軽い驚きを覚えました。レポートの水準が、従来折に触れ試みていた個別のレポートに比べて格段にすぐれていたのです。授業当初に、最終評価はレポート、すなわち平常点30点（レポートを10本提出するとして1本が3点の配点）と期末テスト70点とすると伝えていたのですが、できの良さに心が動き、5点満点としてしまったのです。こうすると平常点だけで5×10＝50点満点となり、評価は120点満点で行うことになるのですが、それでいいと思うほどに充実したレポートが出されたのです。

4　実践で得られた成果

(1) 集団における個人の責任の体験

　レポートが充実した内容のものだったという傾向は最後まで続きました。期末テストの最後に、協同学習導入に対する感想を自由記述で求めたのですが、そこに次のような記述をいくつか見ることができました。それらの感想の背景には、集団成員としての「個人の責任」意識の高まりをうかがうことができます。そこには、日本の集団指導でしばしば見られる「連帯責任」のような、成員からすれば受身的な集団機能とは方向の違う、成員個々人の主体的な意識が見られます。

　「グループ・レポートをやってみて、自分に回ってきたときに、ものすごい責任を感じました。一人ひとりの評価がグループに影響すると思うと全員が真剣に取り組めていたと思いました」。

　「グループ・レポートをやったのは初めてのような気がする。自分1人の個人レポートなら今までいくつもやったことはあるが、グループの一人ひと

りが責任を持ってやらなくてはいけないグループ・レポートはたぶん初めてだ。しかし、要点が絞ってあり、難しいようなありがたいようなで、けっこう苦労した。自分1人の責任でみんなをダメにしてしまうので、何回も読み、理解するのに苦労した」。

「個人の問題でなく、グループの問題になってくるということで手が抜けなかった。その分しっかり課題を調べてできたし、個人でやるよりしっかりできたと思う」。

(2) 話し合い体験

　協同学習を経験したことに対する好意的な評価を含む記述も見られました。それらは今回の試みで意図した、学習内容の習得と体験の同時達成がなされたことを示しています。

「グループで話し合うということで、自分と違った意見、つまり、その人独自の意見がたくさん聞けたことは、とても良かった。自分の考えに、とても幅ができた。レポートを書くときは、そんないろいろな意見と自分の考えを混合させ、一つの意見として書くことが、どんなに難しいかを知った。しかし、自分にとって、プラスになったと思う」。

「グループ・レポートをして、めったにこういう学校についてや、学習についての話し合いをすることがないので、みんなとの意見交換ができて、改めて、気づいた点、参考になったことがあり良かったと思う」。

「毎週グループで話し合ってまとめたりしてきたわけだが、前もって自分で読み、自分の意見を明確にさせてからの話し合いだったので、話し合いはスムーズにいった。自分で思っていた意見とまたちょっと違う意見も出たりして、毎回新鮮さがあった」。

(3) 人間関係づくり

　受講者の感想の中には、次のように、グループの課題への取り組みが仲間

との交流機会として有意義であったというものもありました。単なる懇親の機会ではなく、明確な課題解決を志向する集団活動の機会を持たせることの意義をうかがうことができます。

「グループ学習をすることによって、前期まではほとんど話さなかった人と話すようになったので、グループ学習をやることで人間関係が良くなることが実感できました」。

「自分たちのチームでは、基本的に個人が担当する日を決めて、それを再度みんなでチェックするという形をとりました。自分はアメフト部に所属していて、夜遅くになるのですが、同じアメフト部のやつや、ラグビーのやつとレポートの内容以外の話でも盛り上がり、レポートを書くことを通じて仲間の間が深まった気がします」。

(4) 落伍者の減少

この年度の大きな特徴は、毎年相当数の落伍者、すなわち期末テストを受験しない学生が出るのに対して、それがきわめて少数だったということです。協同的な小集団という仲間とのつながりがあったことがそのような結果を導いたのでしょう。

また、2クラスで合計68のグループが作られたのですが、その内途中で崩壊してしまったものは1つでした。残りの67のグループは最後までほぼ100％のレポート提出率を示しました。

(5) 進め方の問題点

なお、すべてのグループで常に話し合いがうまく行ったわけではありません。次のような感想もありました。

「グループ内での話し合いがあまり行われず、自分の意見で書いてしまった部分が多い。せっかくの人の意見を聴ける場所をなくしてしまった気がする。また、他のグループのレポートを見て、他人の意見を参考にしたかった

です」。

5 この実践のポイントと課題

(1) 協同学習を学生は歓迎する

　義務教育の段階から互いに切り離され、相互交流の機会のないままに学習活動を行ってきた学生たちは、小集団活動など、互いの意見を交流させる機会を非常に好み、求めています。青年たちが自己の成長を図るとき、他人との比較の過程で得る自己に関する情報は重要な意義を持っています。課題解決志向的な小集団活動の中で、幅広く仲間の特性を知ることも学生にとって貴重な機会と言えるでしょう。

(2) 課題設定の工夫が必要

　小集団による活動を仕組むためには、彼らに与える課題の質と明確さに配慮することが何よりも必要です。今回は読ませた原稿が実践報告であり、学生の直接的な関心を引くものでした。さらに加えて、その原稿を読むための着眼点を3〜4点ほど毎回示しました。これが的を絞った小集団の話し合いを促す仕組みとなりました。

(3) 成員の相互依存的な評価システムの設定をする

　グループ・レポートは5人グループに10回割り当てました。成員1人が2本のレポートを担当することになります。それぞれのレポート作成には小集団のメンバー全員が関わっているはずなので、その成績は各小集団の成績として単位認定の基準となる旨、受講生には明確に指示しておきます。今回、レポートの質が非常に高かったのは、仲間同士で知恵を絞ったことに加えて、最終的にレポートを書く者が、自分の所属するグループに対する個人としての責任を明確に自覚したためでしょう。なお、毎回授業中に前週のレポート得点を発表したことも、レポート担当者の責任感を高めたと思います。

多人数授業での協同学習

(4) 教師の側の受容的指導態度

　小集団での話し合いでは、学生主導の活動を期待するのですから、教師が強い指導を行うことは望ましくありません。机間巡視の中で自習や話し合いを促し、簡単な助言をするという程度に止めます。レポートという最終成果を見ると、授業中の話し合いの質がそれほど高くないと感じられても、その後にプラスの展開が見られます。教師に受容的に受けとめられていると学生が感じることで、授業後の協同も継続されるように思われるのです。

(5) 今後の課題

　この実践では、話し合いの経験が学生の側に少ないことが、議論の高まりを期待する立場からは不満が残りました。多人数の場合、今回は課題の工夫ということでこの問題に対応しましたが、まだまだ工夫の余地がありそうです。

　「参加」「協同」「成就」の三つのキーワードを実践にどう生かすかという模索を3事例報告しました。教師の授業づくりは毎回挑戦だと思います。私の実践に、挑戦のためのヒントがいくつかでもあれば幸いです。

■参考文献

ジョンソン，D.W.，ジョンソン，R.T.＆ホルベック，E.J.『学習の輪』杉江修治・石田裕久・伊藤康児・伊藤篤訳，二瓶社，1998年．
杉江修治「学習課題明示方式による講義改善の試み」『大学と教育』8号，1993年，4〜14頁．
杉江修治『バズ学習の研究』風間書房，1999年．
杉江修治「多人数教育での協同学習―協同という体験目標の同時達成を図る指導の工夫」『東海教師教育研究』15巻，1999年，15〜23頁．
杉江修治『学習指導改善の教育心理学』揺籃社，1999年．
杉江修治「学生主体の双方向授業づくり」『中京大学教養論叢』40巻3号，1999年，189〜198頁．
杉江修治「学生の相互協力関係を促す課題構成による多人数協同学習」『東海教師教育研究』16巻，2000年，41〜50頁．

II章
協同学習のすすめ
―― 互いの学びを気遣い合う授業を目指して

協同学習をどうすすめるか

1　はじめに

　学生を授業に参加させる方法がまじめに論じられる時代になりました。物理的には出席していても、ほとんど何も学ばない（学べない）学生が増えたのは確かでしょう。あるいはむしろ、学生が何を学んでいるのかを気遣う大学教員が増えたのでしょうか。きっと、学生の学びを気遣う先生方が増えたから、本書のような実践書が刊行できるのでしょう。

　私はここ数年、ミネソタ大学のジョンソン兄弟が中心になって開発・研究してきた協同学習法を学び実践する機会に恵まれています。この章では、私に感化されて協同学習を試み始めた私の大切な同僚たちの実践と、私自身の経験から学んだ実践上のポイントを紹介します。これをきっかけに協同学習を試みられる先生方が現れるのを楽しみにしています。なお、協同学習法に関する詳しい解説は、ジョンソンたちの大学教員向け解説書を翻訳してありますので、そちらをご覧ください（『学生参加型の大学授業』玉川大学出版部）。

2 協同学習の考え方

教育の世界では「協同」という言葉が、最近よく使われるようになってきました。ただ、使われ方が使う人によってさまざまで、「きょうどう」という言葉も「共」の字を使ったり、あるいは「どう」の字に「働」を当てたり、さまざまな言葉が使われています。概念的に少し曖昧ですが、ここで私がイメージしている「協同」というのは、「個々のグループメンバーが、グループの全員が一つの目標を達成するために、共になくてはならぬ存在として活動し合っていく」ことです。言い換えると、グループ構成員が互恵的な相互依存関係（positive interdependence）を形成することが必然となるような目標を共有している場合、そのグループは協同していると見なすのです。ですから、単に人を集めてグループを作るだけでは協同とは呼べないのです。私は単なるグループ学習を共同学習とし、互恵的な相互依存関係を必然とする目標が確かに共有されたグループ学習を協同学習として区別しています。

授業場面で考えてみましょう。学生が授業に出てくる。そのとき、ふつうの学生は、勉強というのは自分ひとりでやるものだと思っている。当然、授業も自分の勉強です。自分のために授業を聞いて自分が理解する。これは個別なそれぞれの勉強、文字通り個人学習ということです。この学生たちをグループに束ねるだけでは、協同学習がはじまる可能性は低いでしょう。

協同学習というのは、自分の学びというのが誰か（多くの場合、クラスメイト）の役に立つ。同時に、誰か隣の人や仲間の学びが自分の役にも立っている。こういった、自分が学んでいるということが、二重の意味で意義を持ってくる。そういった状況を設定して行われる活動です。ですから協同学習では、自分のためにも仲間のためにも真剣に学ぶことが促されます。それは従来どちらかというと、ぽつんとひとりで授業を聞いて、ひとりで理解をして、すべて学習というのは自分の自己責任で完結する。分かるも、分からないもすべて自分の問題。そういった非常に孤独な学習者の寄り合い所帯のようなグループ活動とはだいぶ違う雰囲気になります。

今、小・中学校では構成的グループエンカウンターという人間関係トレーニングの一つが注目されています。他者の気持ちに気づき、共感的に理解し合う中でクラスメイトへの信頼感を育てていく生徒指導や学級経営の有力な手法とされているのです。

大学でも中央が空いているのに、端の席に座っている学生に遠慮してか、黙って通路に座り込む学生。それを見ながら隣の座席に自分の荷物を置いてすましている学生。大教室の授業では座席を譲り合えない学生たちが散見されます。隣り同士で話し合うように促しても応じない学生。話し相手を指定しても、別の学生と会話してすましている学生。課題遂行のための一時的な相互交流にも抵抗を感じる学生たちがいます。

少子化による大学全入時代を迎え、学力のみならず社会性の度合いや対人関係能力の差が広がっている今日、大学教員もこうした学生たちの社会性の問題を自らの教育課題として意識する必要があるのでしょうか。大いに議論のあるところですが、仮に社会性の育成を大学の教育課題として受け止めるなら、その対応はいかなるものになるのでしょう。協同学習法がそのための具体的な対策の一つであることは間違いないでしょう。

3　実効ある学習活動の5条件

協同学習を実効あるものにするために望まれる五つの要件があります。そのすべてを満たすことができなくても協同学習たりえますが、満たす度合いが大きいほど協同の成果も大きくなります。

❶ 互恵的依存関係の確立

グループの目標を達成するためにはメンバー全員が何らかの貢献をせねばならず、互いの貢献なしにはグループの目標が達成できない、という互恵的な相互依存関係を成立させることが協同学習をはじめる第一歩です。言い換えると、グループとしての目標達成は個々のメンバーの利益になるという課

題設定が重要になります。

❷ 促進的相互交流の確保

協力し合うメンバー同士が直接に情報交換や意思の疎通ができる対面性と、互いの取り組みを支え合い励まし合う言語的・非言語的なコミュニケーションが交わせる親和性の両方を備えた相互作用が可能になるような環境整備が大事です。

❸ アカウンタビリティの明示

グループが目標を達成するために、メンバー各自が何をすべきかが明白であり、その責任（役割）を果たすことなしにグループの目標は達成できない、ということをメンバー全員に認識させねばなりません。言い換えると、課題に対する責任とグループに対する責任の両方を何らかの方法で点検することが必要になります。

❹ グループ学習技能の育成

共有する目標に向かって協力し合うグループ内の諸活動を効果的に進めるための社会的技能を磨き伸ばす機会や訓練を、グループ活動の一環として組み入れることが大切です。できるなら、そうしたグループ学習技能の育成自体を、グループ活動の目標の一部にしたいものです。

❺ 協同的活動評価の機会提供

グループの成果に対するメンバー各々の貢献を吟味し、相互に肯定的な振り返りを行うことは、良質な協同学習を維持発展させるために不可欠です。その際、各メンバーの具体的な貢献（行為）を見出し賞賛するように指示し、メンバー相互の信頼関係とグループへの帰属意識を向上させ、将来の協同作業に対する肯定的な展望が生まれるような配慮が望まれます。

ミネソタ大学のジョンソンたちはこれら五つを協同学習の基本要素とし、その働きについて研究しています。また、グループのタイプを一定期間メンバーを入れ替えることなく活動させるフォーマルグループ、課題ごとにあるいは授業ごとにメンバーが替わるインフォーマルグループ、そして学期や年

度を通してメンバーを固定するベースグループの三つに分けて、それぞれのタイプの特長や基本要素の組み入れ方などを紹介しています。ここからは、読者の皆さんにとって使用頻度が高いと思われるインフォーマルグループとフォーマルグループについて、私自身の経験をふまえた解説を、私の同僚たちの実践報告を交えながら述べてみましょう。

4　インフォーマルグループ導入

　インフォーマルグループとはそのつど必要に応じて組織されるグループで、だいたい2人から4人ぐらいで構成されます。大学では、机とセットになったベンチ型の椅子が固定されて何列も並ぶ教室が多いので、通常、お隣同士のペアになります。その他に状況が許せば、前後の組み合わせもあります。前後、左右でもだいたい4人がマックスです。2人でペアになると1人余ってしまう学生が出てくるときは、3人グループで話し合いをしてもらっています。5人以上にはなるべくしないように、5人になるときにはたいてい二つに分けています。これは、はじめからいきなり学生に「グループで話し合いなさい」と言っても、なかなか上手に話し合えないからです。赤の他人が一緒になって学んでいくということは、ある意味非常にしんどいことです。グループサイズが大きくなれば、黙っていても済んでしまう場合が出てきますが、2人きりならいやでも話し合うでしょう。少しでもメンバー相互の交流が生じやすいような配慮があると、グループでの話し合いが豊かになります。グループ分けのとき、ちょっと雰囲気が重いと感じるクラスではメンバー同士に握手させます。私はシェイキング・ハンド・ルールと呼んでいますが、「自分の周りに握手ができる相手がいないところに座っている人は、握手ができる相手のところに、空いている席に移ってください」と指示をするのです。「握手した人とはこれから1時間の授業のパートナーですから、よろしくとあいさつをしてください」といった感じで、ちょっと強制的ですけれども、ペアリングしてしまいます。

また、「グループ討議メモ」(Ａ６サイズ以下の紙に名前と学籍番号を記入する欄が印刷されたもの）を配りながら話し合いのペアを確認する場合もあります。5、6人でごちゃごちゃ座っている所では、「はい、あなたとあなたで２人組ね」という具合にペアを決定していきます。ひとりでポツンと座っている学生には、近くの学生を引き合わせてペアになってもらいます。とにかく話し合いの相手が決まらないとこの紙はもらえませんから、学生はそれなりにペアになっていきます。私は授業のはじめに出欠をとりませんが、このメモを回収して出欠点検に使う場合が結構あります。

　まさか大学でグループ学習するとは思っていない多くの学生を相手に、こうすれば絶対にうまくいくという保証つきの方法などはありません。むしろ、100人の学生がいて100人が皆、はじめからちゃんと指示通りに話し合えたら、むしろそれは異常です。中には本当にいくら「こっちにおいでよ」と誘っても来ない学生もいます。ときには本当に体調が悪いかもしれない。ですから、その辺は教師の判断になります。無理強いしてグループに入れても、かえってグループが困りますので、その辺のところは教師がそばに行って、「どうしたの？」と声をかけてあげるだけでも効果はあります。少なくともその学生からすると、「自分はこの授業ではまったくの孤立無援ではないのだ」という意識を持てるでしょう。

　私の場合は、どんな学生も授業に出てくる限り、辛抱強く参加してくれるのを待つことを心がけています。その際、私自身が教員としてこの話し合い活動、協同学習をするにあたって、「このようなことを願っていますよ」ということを、素直に伝える努力をします。権威的な命令でグループ活動に参加させるよりも、教師の役割を負った生身の人間として、同じように学生の役割を負った人間に対して、自分の願いを聞き入れてもらう。そんな自己開示を込めて語りかけてみます。少し長くなりますが具体的な言葉がけを書いてみました。

　　私は皆さんが、この授業を通して何かしら成長してくれればうれしいと

思います。皆さんが勉強を通して学びとったものが、少しでも役立てばいいと思います。だから、本当は一人ひとり、何をどう学んだのかチェックしてあげたいのだけれど、人数が多くてとても十分にはできません。

　そこで、皆さんにお願いがあります。せっかく同じ大学に集って、同じ学期に同じ授業を受けている、不思議な絆の皆さんですから、どうかお互いの学びを気遣ってみてください。「自分だけ分かった」で済ませないでください。できれば隣の人が「分かっているかしら？」と、ちょっと気遣ってあげてほしいです。そうやってお互いに協力して気遣い合って学べる、そんな仲間がいるというのはすばらしいことです。

　私はそういった、お互いの勉強を支え合うための真剣で誠実な話し合いを大いに評価します。たとえば、私の授業では出席状況を含めた「授業参加度」が成績に影響しますが、やはり一生懸命クラスメイトの学びに貢献した人たちを評価していきます。繰り返しますが、仲間と共に積極的に学び合うことが皆さんへの私の願いであり、同時にこの授業の前提です。

　ですから、きつい言い方をすると、他の人などお構いなしに、「自分だけ良ければいいのだ」という考え方の人には、私の授業は合わないかもしれません。あるいは「グループで活動するのは嫌だな」という人がいるかもしれない。どうしても嫌な人は、無理に履修しなくても結構です。

　実際に評価のことを述べるかどうかは別にして、クラスメイトと一緒に学ぶことが授業の前提なのだ、ということをはっきり伝えることは大事です。学生たちの意識が「何のためにこんな話し合いをさせられるのだろう」というような、「強制的にやらされている」というところから、「自分にとっても、この活動は意味があるんだな」というところに移ってくれれば、あとはきちっとした課題を出していけば学生たちは動いてくれるでしょう。

　インフォーマルグループでは、その場で終わる課題や作業というのが基本です。引き続きその授業を越えて、何回も同じメンバーで行うような課題を

扱う場合、これはフォーマルグループを活用したオーソドックスな協同学習の技法になります。この章ではバレーボール指導に際してチームを活用した久保田実践がフォーマルグループの適用例と言えます。また、次章のLTD技法もフォーマルグループの活用事例と考えられます。ただ、欠席したり、遅刻したりでメンバーがなかなかそろわない、そういった現実がある場合、がっちりとした協同学習グループの編成は、たとえばゼミなどの特定の科目を除くとなかなか難しいかもしれません。そういう意味でインフォーマルグループ技法の方が気楽に使えますが、その代わり、深い連帯感や困難な課題を仕上げる達成感など、協同するメンバーの間で生まれ共有される充実感は薄くなりがちです。

5　インフォーマルグループの効用

次に、このグループ技法を使って、どのようなことを実際にねらっているのか、そのねらいについて簡単にまとめておきましょう（図2-1参照）。

❶　好感度の上昇

この技法は、まず参加者たちのコミュニケーションを促進します。これによって、授業に対する好感度が上がります。学生たちの話を聞いていると、たいしたことを話していないように聞こえる場合でも、授業に対する学生たちの好感度、満足度は上がります。別に人気取りのために使う必要はないのですが、同じ授業をするのなら「楽しいな」と感じられる授業の方が学生たちからの反応も良いわけですから、教える側でも気分良く教えられます。

- 参加者間のコミュニケーション促進
  → 授業に対する好感度アップ
- 気分転換
  → 集中力の持続・私語の低減
- 理解度確認
  → 教師としての情報収集
- 学びへの気遣い
  → 多様な学びへの気づき・学習への誠実さアップ

図2-1　インフォーマルグループのねらい

❷　集中力の維持

　90分の授業の間をずっと一生懸命考えたり、書いたりすると疲れてきます。そういう意味で、教師にとっても、そして学生にとっても気分転換というのが必要になります。それによって集中力がアップします。私は年に数回、通信教育の週末スクーリングを担当します。朝からずっと1日中、土日の2日間やるわけです。教える方も学ぶ方もかなりしんどいです。私はインフォーマルグループを多用しながらやっています。授業が終わって学生たちと雑談すると、ときには別の先生と比べての話になって、私の授業だと「今日は1日集中して聞けました。眠らずにすみました」という声が結構出てくるのです。

　居眠りもそうですが、グループ活用の副産物として、疲れてしまったことによる私語、授業にまったく関係ない私語というのは減ってきます。「話し合いなさい」とやらせますと当然、関係ないこともでてくるのです。けれども、とりあえず特定の課題に向かっての話し合いの中での脱線ですし、それは「はい、ここまで」と、こちらで時間を指定して切れるわけです。通常「静かにしろ」と注意すると気まずい雰囲気になりやすいですし、そのときは静かになってもいつの間にか私語が始まってしまうことも多いのですが、課題の中で出てきたものは「課題が終わったよ」と切ることができるわけです。ですから、私語がゼロにはならないけれども、コントロールは可能になります。

❸　理解度のチェック

　いわゆる机間巡視をしながらの「どんな話をしているのかな。どんなことでつまずいているのかな」こういった理解度チェックです。今までですとクラス全体に質問したり、何人かの学生を指名して答えさせたりしたわけです。これですと、どんなところが分かってないのかよくつかめない。あるいはクイズを出して「どれぐらい分かったのかな」とやっても、どうしてもそれではタイムラグがあります。教育心理学では学習における即時フィードバックの効用が強調されますが、その場でつまずきや誤解のチェックができます。

学生たちの話し合いを聞いていて、「ちょっといま回ってきたら、こんなことを皆さんは考えているね。これについては、ちょっと誤解もあるみたいだからもう1回解説しとくね」という具合に、つまずきに合わせたコメントや教え直しがすぐに可能になるのです。

❹　他者の学びへの気づき

これは、協同学習の私としては一番気に入っているところですが、互いの学びへの気遣いということで、お互いに隣同士で話し合うことによって「あっ、そんな考え方があったのか」とか「なるほどね」といった多様な学びへの気づき、あるいは「こいつは一生懸命だな」とか「いいことを教えてくれたな」といった刺激が生まれるのです。そういったパートナーとのやり取りを通して、今ここで共に学ぶ仲間がいることの素晴らしさを感じたり、自分の理解がパートナーの学びの役立つことに気づいたりできるわけです。

6　グループワークの実際

実際に協同学習を行う場合の注意項目をいくつか挙げておきましょう。まず目標設定です（互恵的相互依存関係の確立）。「今、自分は何をすべきか、何をしたらいいのか」そういった、グループとして、あるいは個人としての役割がはっきり学生たちに伝わることが大事です。そのためには課題が、とくに作業手順が明確でなければなりません。「今自分たちは何をしたらいいのだろう。どこまでやればいいのだろう。どれぐらい時間があるのだろう」、そういったことを学生たちが分かるように明示しましょう。同時に、達成度や成果の確認方法も示します（アカウンタビリティの明示）。あるいは、なかなか話が乗らないときに、どのような支援の手を差し伸べますか（グループ技能の育成）。活動のルールづくりはどうしますか。グループのサイズや活動の頻度はどうしましょう（促進的相互交流の確保）。振り返りの時間は持てるでしょうか（協同的評価活動の機会提供）。こういった事柄をちょっと意識されると、授業がうまくいく可能性がぐんと上がります。

私の授業から例を出しましょう。これは情報教育論という授業で使う課題の一つですが、「『社会の情報化に対して学校教育（文部行政）はどのような対応をしてきたのか』を具体的に考えなさい。教科書などを参考に自分なりの答えをノートに書きなさい」という問いです。これは課題が明確ですね。自分なりの答えを自分のノートに書く。持ち時間は10分。だいたい予習していれば、

> Q. 社会の情報化に対して学校教育（文部行政）はどのような対応を試みてきたのか？
>
> 作業1. 教科書やノートなどを使って、自分なりの答えを作りましょう。持ち時間は10分です。
>
> 作業2. グループ全体で各自の解答を点検し、それぞれの良い所を活かして、グループで一つの解答を作りましょう。持ち時間は10分です。

「教科書やノートを使って」といったときに、どこを見ればいいか分かる。ざっと見て反応が悪ければ、特別ヒントで「教科書の何ページ辺りを見てごらん」とかということをします。いずれにしても、その後で「じゃあ次にグループ全体で各自の答えを点検し、互いのよいところを理解して、グループで一つの答案を作りましょう。持ち時間は10分」といった具合です。グループで話し合っている間に、グループ討議用のメモ用紙を配っていきます。

グループは隣同士の2人組、あるいは前後左右4人、といろいろあります。その辺はケース・バイ・ケースですけれども、こういった作業を指示して、学生たちが始めます。そうすると当然、一生懸命やったグループはたくさん書きますし、関係ない話ばかりしていたグループはあまり書けないでしょう。いずれにしても、メモを提出させて、何らかの成果確認を行うことで、グループ活動に適度な緊張感が生まれます。ただ単に「話し合いをしてください」で終わりにしてしまうと、なあなあになって、せっかく話し合ったことも十分に生かしきれない、ということになりかねません。

ポイントは、グループとして取り組むべき明確な課題があって、その成果へのフィードバックなり確認なりができるような枠組みをきちんと準備することです。それがあれば、グループにどのような課題をさせるかは自由です。

私の場合ですと、1限目の授業が多いのでウォーミングアップにもよく使います。朝9時に教室に行くとだいたい7〜8割くらいの出席状況のときもあります。とりあえず今日のパートナーを組ませます。お隣同士で「よく朝早く起きて来られたね。今日の調子はどう？」といった挨拶を交わすように促します。そのような非常にたわいないところの話し合いから始めます。1、2分して頭と口が動き出したところで「前回の授業では何がポイントだっただろうね？　もし休んでいた人がいれば、今のうちに隣の人に教えてもらってね」と言うと、お互いノートを見始めます。「後で私が回って聞くから、どんなことを学んだのか、ポイントだけでいいから整理しておいてね」っていう感じですね。こうして復習のセッションをはじめの5〜10分間ほど行っていると、学生もほぼ出席してきますので、その辺りから本題に入っていくのです。むろん、これが遅刻の容認という誤ったメッセージを学生に伝えては、指導上問題でしょうが。このようにインフォーマルグループを使って前回の振り返りを一番はじめに持っていくことによって、学生たちは新しいことに対する頭の準備体操ができるわけです。こうした時間を、特定の予習として出した課題に対して、分かったかどうかを確認させる作業に当てることもできるわけです。ちなみに、学期末に行う授業アンケートでは、この振り返りタイムに関するプラスのコメントが毎回見受けられます。

　話し合いをさせる時間配分ですが、だいたい課題を出して、考えさせて、このときも自分で考えて、それからお隣と一緒にしゃべり、考え出すというパターン（個人思考と集団思考の組み合わせ）と、いきなりお隣同士で話し合うというパターンがあります。これは課題によって違うでしょう。個人思考させるよりも、とにかく授業のトピックに、興味、関心をわきたたさなければいけないみたいなところでは、いきなりポンと、誰でもしゃべれるようなテーマを与えて、集団思考から入るときもあります。一つひとつの課題について理解を確認していくためには、自分の考えを個人思考にさせることもあります。とくに個人思考を入れていくと、やはり自分の中で考えてまとめさせるのは、3分や5分はかかるでしょう。それから集団思考のために話し

●──参加度や理解度を効率よくチェックする工夫

　「隣同士話し合いなさい」と指示しても双方が等しく発言しあうとは限りません。話し合いの内容に関してより多くの知識や関心を持つ側が、話し合いをリードすることが一般的でしょう。それ自体は決して悪いことではありませんが、話し手と聞き手の役回りが固定してしまうと、集団のメリットである多様性（知識や経験の個人差）が活かせないし、対話のための社会的技能をバランス良く磨くことも難しくなります。

　私はしばしば聞き手（質問者）と話し手（回答者）を指定して話し合わせます。たとえば、隣同士で話し合う場合、左の人が質問し、右の人が答えるように指示します（授業中にこうした話し合いを数回行い、毎回立場を入れ替える）。左の人は右の人の答えに対して、さらに質問やコメントなどを加えて双方の理解を確かなものにします。右の人が答えられない場合は、左の人が教えて、それについて右の人がコメントするという形になります。話し合いを通して、2人とも解らないことや不明な点が見つかれば、それは私に質問するように促します。

　こうした話し合いの手順をもっと徹底させた指導法を開発・提案している人にスペンサー・ケーガン（Spencer Kagan）という協同学習の大家がいます。彼は互恵的相互依存とアカウンタビリティの明示（個人の責任）に加えて、平等（均等）な参加と活動の同時性を協同学習の基本要素と考えています。確かに文化的マイノリティへの配慮が必要なアメリカでは、話し合いへの平等な参加は重要でしょう。また、隣同士で話し合わせるということは、その時点でクラスの半数が一斉に自らの考えを表明することであり、目に見える形で授業に参加する学生の割合（活動の同時性）を高める工夫も話し合い活動の質を維持するために大切なことです。

　協同学習におけるケーガンの技（structures）は100以上あるとされますが、代表的なものに1人当たりの発言時間を決めて、順に発言し合うもの（Timed PairShare）や交互（RallyRobin）あるいは順番（Round-Robin）に発言していくものがあります。また、49ページのコラムにもありますが、話すだけでなく書かせることでしっかり考えさせることができるのです。このとき、出来る学生が1人でまとめて書いてしまうと、他のメンバーはその人に頼ってしまいます。これに対して、ケーガンは1枚の紙に交互（RallyTable）に、あるいは順番（RoundTable）に1文（1事項）ずつ書いていく方法を提案しています。いずれにせよ、学生たち一人ひとりの参加度や理解度を効率よくチェックする工夫は、話し合いの質を維持・向上させるためには欠かせない努力なのです。

合うわけですが、慣れないとやはり、3分間と決めても5分かかってしまうし、5分と言えばもっと長くかかってしまう。どうしてもパッパッという展開に慣れてきませんと、もじもじしてなかなか話が進みません。それから確認の作業を入れて、やはり15分というのが一つの目安でしょうか。

　それから意外に難しいのが、せっかくグループで考える活動をしたときに、その成果の確認をどう行うかということです。一番直接的なのは、話し合いをさせて「それでは、Aさん、Bさん、お二人で話し合ったことについてちょっとお話をしてください」と指名するやり方です。そうすると、ちゃんと話し合っていれば2人の意見をミックスしたものが出てきますし、話し合ってないと自分の考えしか出てきません。ときには、話し相手の意見を無批判に繰り返す、というような反応もあります。こうした応答に対して、どう対処するのか考えておく必要があります。

　いずれにしても「必ず自分たちが話し合ったことはチェックされるんだ」ということを学生たちに認識してもらうことは、グループを使う場合どうしても必要です。択一的な問いかけをして、挙手をしてもらうことも良い方法です。話し合いの中で、たとえば「問題点が五つ以上数えられたというグループはありますか？」あるいは「話し合う前の考えに何か新しく付け加わったグループはありますか？」と尋ねて挙手を促すのです。いずれにしても自分たちがやったことに対する確認作業というものが入ってくることで、グループ活動が完結していきます。

　もう一つ、私が時々行う話し合いの成果確認があります。これは学習内容の理解度ではなく、話し合いの意義についての気づきを確認するものです。通常は、複数の回答が可能な問い（課題）を課し、話し合った成果をグループごとに一つずつ発表させて行きます。10グループあれば10以上のアイディアが出てくることになります。重複もありますから、自分たちのアイディアをすべて先に言われてしまったグループはパスするように指示します。また、他のグループの発表で自分たちの考えたもの以外に素敵なアイディアが出れば、それも自分たちの回答に加えるように促します。

こうしてクラス全体で新しいアイディアが出尽くした、あるいは十分な量に達したなら、改めて次のように問いかけます。「今、クラス全体でこれだけたくさんのアイディア（答え）が出てきました。自分たちのグループで考えたもの以外にも、素晴らしいアイディア（学ぶべきもの）があったと思う人は手を挙げてください」。こう問いかけるとほとんど全員が手を挙げます。そこで、私は「一人で考えることも大事です。何人かの仲間と話し合うことでその考えは深まり、広がるでしょう。そしてクラス全体で考えを共有し合うとき、一人ひとりの発想を超えた素晴らしい学びが生まれると思います。クラス全体でアイディアを交流することの力を感じた人は手を挙げてみてください」ともう一度問います。これにも多くの学生が手を挙げてくれます。そこで最後に、「皆さん一人ひとりが一生懸命考えて、その一生懸命が集まることで自分自身の学びが深まっていくって素敵ですね。私も皆さんの回答から改めて多くのことを学びました。ありがとう」と締めくくります。

　こうした活動は学期の始めに、グループでの活動を意義づける際に有効ですし、学期途中で話し合いが惰性になっていると感じたときにも利用できます。クラス全体を相手に行うのが困難な場合は、グループごとにメンバーの多様な意見やアイディアの素晴らしさに気づくような問いかけを適時行うこともよいでしょう。大事なのは、話し合いをさせっぱなしにせず、その成果（意義）を確認（評価）することなのです。

7　協同学習とピアレビュー

　ピアレビュー（仲間による相互評価）を取り入れた学習活動が普及してきました。ピアレビューがそのまま協同学習ではありませんが、協同学習活動の一部に組み入れることは可能です。むしろ、協同学習の一環として行うことでピアレビューの効果は高まるのです。この章の実践実例❷はその好例でしょう。

　従来のレポート課題は、とにかく自分が書いたものを提出すればお終いで

```
ピアレビュー証

私は_____さんのペーパーをレビューし、
誠意を持って必要な修正やコメントを加えました。

_____さんが私の指摘を参考に、ペーパーを
推敲すれば更によいものになることを確信します。

         平成　　年　　月　　日
学籍番号（　　　）サイン_____
```

図2-2　ピアレビュー証

した。これではクラスで協同して学ぶという意味がありません。そこで、私はこんな感じでレポートの相互評価を促しています。

　自分が一生懸命いろいろなことを調べてレポートしても、それは教師である私にしか伝わりません。皆さんからすれば、レポートの点数だけが問題かもしれないけれど、それは、その学生と教師と2人の間の話です。教師は大勢のレポートを読んでいろいろなことを学びますが、皆さんにはその機会がない。だから私は良いレポートはクラス全体に紹介してあげたい。けれど、それをやっていると授業に3日も4日もかかってしまう。

　そこで、せめて自分の隣の人には自分のやったことを見せてあげてほしいのです。そして隣にいる人も、あなたに見てもらうのです。お互いにレポートを交換するのです。そのときに漠然と見ていてはいけません。「ここは字が違っているじゃないか」「ここは何か漢字変換が間違っているよね」「この日本語って、主語と述語が合ってないよね」「ここの言いたいことよく分からないよ」と、そういったいわゆる推敲、添削といった作業をしてください。

　お互いにチェックし合えば、当然、朱が入ってしまう。朱が入ったらその週は持ち帰って朱がない状態、完ぺきな状態にして翌週提出してください。そのときにお隣同士チェックしたという証として、ピアレビュー証（図2-2）にサインしてもらってレポートに添付してください。このように、お互いの学びを気遣い合うということを実際にやっていただきたいのです。

　こんな具合に趣旨を説明します。ただ、日本語力が低い学生同士だと、全然添削になりませんけれども。それでも自分だけではなくて別の学生がやっ

たものを見る。また、それを評価する立場で読み返してみる。そのために、シラバスに評価基準を明示しておくこともあります。それによって自分の文章も含めて、今までは書きっぱなしだったものを一度自分の手元でもう一度眺めてみる。そういった学び直しのきっかけにはなるでしょう。また、漠然と「隣の人とチェックし合いなさい」と指示するだけでなく、そこに「自分で間違いなく、誠意を持って必要な修正を加えました。間違いありません」とサインをするわけです。ピアレビュー証などは本当に儀式というか、形式的な子どもだましですが、レビュー相手が決まったグループにだけ配布していますので、こちらの指示の徹底には役立っています。

最近はコンピュータネットワークを活用したレポートの相互評価もポピュラーになりつつあります。Web上にレポートを公開し、クラスメイトにコメントさせるわけです。盗作まがいの丸写しなどは衆人環視状態の中で消えていくようです。ただこれも、活動の根底にクラスメイトの学びを気遣い、共に学びを深め成長していこうという願い（目標）があるかどうかで、ずいぶんと活動の雰囲気は変わってしまうでしょう。

8 フォーマルグループ導入

フォーマルグループは通常、4人から6人くらいで構成します。授業ごとに行われるグループ作業や課外活動を含むようなグループ研究など、一定期間、同じメンバーが協力し合うことが望ましい場合（課題）に用いられます。インフォーマルグループの活動にも当てはまることですが、フォーマルグループでは構成員が多い分、各自の役割分担（課題に対する責任）を明確にする必要があります。ファーマルグループは同じメンバーが比較的長い期間一緒に活動しますから、グループ学習技能の育成を視野に入れた指導が容易になります。私などは、「話し合いをするときには、いくつかのポイントがあります。せっかく話し合いをするのなら、より良い話し合いをしたいですね。そのためにはどんなことが大事だと思いますか」という具合に、（私は教職科

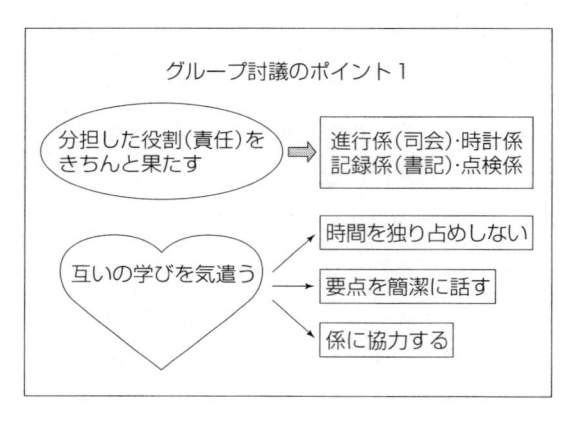

```
グループ討議のポイント１
分担した役割(責任)を  →  進行係(司会)・時計係
きちんと果たす          記録係(書記)・点検係

互いの学びを気遣う  →  時間を独り占めしない
                    →  要点を簡潔に話す
                    →  係に協力する
```

目を教えることが多いので、学生にとって一種の見本になればという配慮もあって)それこそ小・中学校の指導ではありませんが円滑な話し合いに必要な役割や技能について確認します。少し長くなりますが、具体的な指示の例をいくつか示してみましょう。

　(OHPなどで上の資料を示しながら) お互いに役割があるときには、しっかりと役割を達成してほしいと思います。通常、進行係、時計係、記録係です。点検係はグループ全体の理解度や課題の取り組みをチェックする係です。

　それから、話し合うときには互いの学びを気遣ってください。気遣うとはどういうことですか。(時間があれば隣同士で考えさせる)。具体的に言うと、たとえば時間を独り占めしないことです。みんな一生懸命参加したいし、みんな真剣に考えているはずです。１人でグループの持ち時間を使ってしまったら、他の人は聞き役です。聞き役と説明役どちらが得かといえば、結局説明する方が得をするという調査結果があります。授業の中で誰が一番学んでいるのかといったら、それは教師です。なぜならば皆さんは聞くだけ、私は一生懸命説明しているからです。つまり説明できるということは特典なのです。ですから皆さんが説明役になっているときが一番しっかり学べているのです。

　あるいは時間は大事ですので、話はなるべくポイントをしぼって、簡潔にしゃべるように心がけましょう。それから、係がいるときには係に協力する。こういったことが互いの学びを気遣うことになるのです。こうしたことに気を付けて下さい。

グループの話し合いが深まらず形式的になっているときというのは、往々にしてひとりの人が話を独占している場合があります。グループ活動の魅力の一つは、グループの持つ多様性が創造的

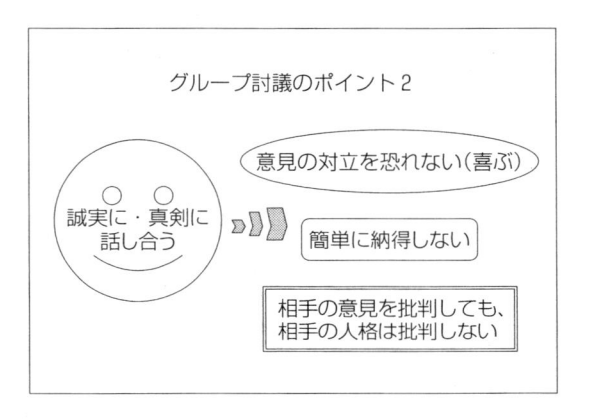

> **グループ討議のポイント2**
>
> 誠実に・真剣に話し合う
> - 意見の対立を恐れない（喜ぶ）
> - 簡単に納得しない
> - 相手の意見を批判しても、相手の人格は批判しない

に活かされるところにあるのですから、一部の人間だけが発言したのでは効果半減です。また、なあなあの話し合いに慣れた学生たちには、（上の資料を提示しながら）あえて次のような確認をすることもあります。

　話し合うときは真剣に誠実に話し合う、私はそんな姿勢が大好きです。真剣に誠実に話し合うとはどういうことか。意見の対立を恐れないことです。お互いに違う意見が出たとき、むしろそれは喜ぶべきでしょう。「あっ、なるほど、そんな違う考え方もあったんだ」という、新しい発見があるでしょう。それだけでも素晴らしい。だから簡単に納得してはいけない。本当に自分にとってそうだなと思ったらいいけれども、いい加減なところで表面的に合わせるというのは、むしろ相手に失礼なことです。相手に対しても自分に対しても誠実ではない。相手の人格を批判したり、感情的な好悪で意地をはったりしてはいけないけれど、真剣な話し合いだからこそ相手の意見に反対したり批判してもいいのです。

　参考までに、私が通教のスクーリングで役割分担（係）を指示するときの提示資料をご紹介します。具体的に示しながら、「進行係は話題の確認からこんなことをやるのですよ。時計係というのは、こんな役目なんですよ」というのをきちんと説明するのです。「分かっているだろうな」と思っていい

```
進行係
1. 課題を確認する
2. 全員の意見を聞き出す
3. 意見の共通点・相違点を明確にする（整理する）
4. 課題解決に向けて意見・考えをまとめる

時計係
1. 持ち時間を確認する
2. 全員が十分に意見を述べ合えるように時間配分する
3. 進行係と協力して、時間内に課題を達成する

記録係
1. 記録すべき内容を確認する
2. 話の途中でも、記録に必要なら発言内容を聞きなおす
3. 記録した（まとめた）内容を全員と確認しあう

点検係
1. 話し合いの内容（学習内容）を全員が理解していることを確かめる
2. グループとしてまとめた意見・解答を全員が理解していることを確認する
```

かげんに係を割り振っても、うまくいかないことがたくさんあります。ですから、4人組ならそれぞれメンバーに1から4まで番号をふって「1番の人、進行係さんね。2番の人、時計係さんね」とやります。ときどき心配で「はい、時計係さん手を上げて」とチェックするのですが、やはりちゃんと挙げない人がいます。自分が何の係だか分からないのです。学生は聞いているようで聞いていないものです。ですから全員が必ず、お互いが何をすべきかが分かるまで確認してから始めるときもあります。ただ、ここまでやると時間がかかります。話し合いの技能を伸ばすためには、さまざまな役割（係）を体験をすることが大切ですから、作業ごとに係を替えられる場合に、技能訓練の意味を込めて行うことにしています。

実践事例❶──経済学教育における協同学習法

1　協同学習法との出会い

私の協同学習法との出会いは2年前、中京大学の杉江修治氏を講師に招いて創価大学の教育・学習活動支援センターが主催した教授法研修会です。自分なりに、講義を工夫し、熱意をもって授業を行ってきたつもりでした。受講生も、内容を理解して、熱心に聴いているように見えるし、分かりやすいという声も聞くのです。しかし、いざ、試験をしてみると学生が理解してい

ないことが分かって、愕然とする。このような経験を定期試験の採点のたびに繰り返してきました。インタラクティブな授業が良いことはわかっていましたが、大人数の授業では無理だと思い込んでいたので、このワークショップは新鮮でした。以来、協同学習法と呼ばれるインタラクティブな授業法をいくつかの授業で試みてきました。以下にその実践例を紹介します。

2　初めての挑戦

(1) グループ指導法

　研修会後さっそく「ミクロ経済学A」という必修科目に、学んだばかりのグループ指導法を適用してみました[*]。このクラスは経済学部の新入生対象ですが、再履修の上級生も少なからず混在しています。教室は、伝統的なスタイルの講義を前提としていて、机も椅子も固定式のものです。受講生は、160名でした。

　最初の授業で、原則的に1グループが5人になるように学生を分けました。グループ編成は学生の自由に任せました。グループへのアイデンティティ(帰属意識)を強める効果をねらって、学生に自由にグループ名をつけさせてみました。「あきたこまち」「スピルオーバー」「マダム」など学生は思い思いの名前をつけましたが、この作業自体が楽しいようすでした。所定のグループ登録用紙に、学籍番号や名前と併せてグループ名を記入させました。このとき、研修会で紹介された「グループ学習の進め方」を配布し、今後の授業の流れを説明しました。

　まず、採点済みの課題があれば返却し、約1時間を講義にあて、最後の30分をグループ内での自由討論にあてるのです。グループ討論中は、私はもっぱら質問を受けることになります。グループ討論でわからなくなると、

---

[*] 私(高橋)が研修会で学んだグループ指導法は前章にあるように、学期を通じてメンバーを固定したスタイルが主です。これはジョンソンたちのフォーマルグループ技法と類似のものと考えられます。

「グループ学習の進め方」説明書

グループでの話し合いの進め方
1．座席位置：グループ員全員がひとかたまりになるように座ります。
2．話し合いの課題：おおよそ一週間に一回、計12回検討すべき応用問題を指定します。その問題に対応したグループ・レポートができるように話し合います。グループでの思考が適切かどうかで内容は決まります。
3．話し合いの司会者はグループで決めましょう。持ち回りで、レポート作成を担当した人がするというのもいいでしょう。
4．話し合いの進め方：はじめは問題を個人で読み、理解します。この個人での取り組みをおろそかにしないように。グループの大部分が理解したら、話し合いをはじめます。問題に沿って意見を出し合います。
5．話し合いが終わっても退室してはいけません。時間いっぱいまで、レポートを協力して、書く時間にあてます。
6．グループに所属しない人は同じことを個人でやります。
7．グループレポートの成績は発表します。個人レポートは発表しません。成績は、厳しく付けます。問題にきちんとこたえているか、そして考えが練り上げられているかどうかがポイントです。
8．グループレポートは必ず持ち回りで分担します。一人の肩に押し付けないように。
9．講義の内容についても、仲間同士でより正しい理解ができるように、助け合うことが必要です。
10．ポイントは大講義ではありますが、受講者全員が「ミクロ経済学A」の授業で共にきちんと学び、才能と能力を互いに伸ばしあうところにあります。学びあう仲間であることを確認しましょう。

（杉江修治著『学習指導改善の教育心理学』揺籃社による）

随時学生が、質問にやってくるのです。毎回ほぼ同じ時間配分を守って授業を進めました。なお、討論課題は前の週に提示したものを今週話し合うことになります。たとえば第1回の宿題は80ページのようなものでした。

経済学部は原則として週2回の授業（半期4単位）を行っているので、各期28回くらい授業があります。中間試験、期末試験の直前などを除き、合計10回のグループ課題提出を課しました。ある章についての課題を前の週に配布し、つぎの週の講義後に、課題の約半分を討論してもらい、2回目の授業で、残りの半分の課題についてグループ討論するのです。そしてつぎの週の授業開始時にグループごとに提出用紙を添付したレポートを提出させます。授業時間内ではどうしても時間が不足するので、学生たちは放課後や昼休みにグループで集まって課題に取り組んでいたようです。回収した課題は、採

レポート提出用表紙

ミクロ経済学 A・グループレポート				
1　　　　　　　2　　　　　　　3 4　　　　　　　5　　　　　　　6 7　　　　　　　8　　　　　　　9 10　　　　　　11　　　　　　12				
提出日：　　　年　　月　　日（　）			提出場所：授業時	
期限外提出日（減点）：　　年　　月　　日（　）			提出場所：A713研究室	
グループ名				
グループ員署名				
＊グループレポート提出に関する注意事項 1．提出日の授業開始時に SA が回収します。期限外の提出は、その日に限り、研究室で受理しますが、減点します。 2．提出時にグループの全員が公欠のときは、公欠届（教務課の公印が必要）を添付（糊付け）すること。 3．レポートは、A4 の用紙に、ワープロ書きすること。この表紙をつけて、ホチキスで3点保持するか、糊付けすること。クリップなどは不可。 4．該当のレポート番号を丸で囲むこと。 5．その他：　口頭による補足説明、助言にも注意を払うこと。				
……………キリトリセン…………… ミクロ経済学 A レポート受領証 グループ名				

点終了後、講評の機会を持ちました。「マダム9点」「あきたこまち10点」というようにグループの成績を発表して、模範的な解答はモニターに映し、良い点をほめるのです。この成績発表は、グループ間の良い意味での競争意識を刺激するために行いました。

(2) 実践してみて

学生の授業アンケートをみるとおおむね好評のようでした。160人と大人数の割には、総合評価は、「とてもよかった（4点）」、「よかった（3点）」の間

> **ミクロ経済学A第1回グループレポート課題**
> 1. 各人が自分にとって、重要なトレード・オフを一つ上げ、グループの他のメンバーに、なぜそれがトレード・オフなのかを明確に説明しなさい。グループに共通するトレード・オフを三つあげて、なぜそれがトレード・オフなのかを述べなさい。
> 2. （応用問題の6a）*）アメリカの公的年金制度は、65歳以上の人々に年金を給付している。この制度以外の所得が多い人への（税引き後）年金給付額は、そうした所得が少ない人への（税引き後）年金給付額に比べて減額されている。公的年金制度が存在することは、人々の現役時における貯蓄インセンティブにどのような影響を与えるだろうか。（各人が、いま大学を卒業して所得があると想像する。次に、65歳になったら年金をもらえることがわかっているときと、年金制度がない場合を想像して、給料のいくらを貯金にまわすかを、話し合ってください。）
> 3. （応用問題の11）「社会のすべての人々は、可能な限り最高の医療を受けることを保証されるべきである」。この意見に対して、賛成派と反対派に分かれて、ディベートしなさい。賛成派と反対派の意見の違いを効率性と衡平性の観点から整理しなさい。
> 4. （応用問題の12）あなたの生活水準は、あなたの両親や祖父母があなたぐらいの年齢だったころと比べてどのように違うだろうか。そのような変化はどうして生じたのか。各人が一つは変化の原因を見つけ、他の人に説明しなさい。

の3.3でした。学部平均の2.9を0.4上回っていました。ミクロ経済学が①必修科目であること、②内容が理論的でやや難解であるという性格上、人気のない科目とみられていることを考えると満足すべき結果でしょう。

　授業評価には、学生自身の自己評価が含まれます。そのうちの一つに、「あなたは、授業中に私語をしましたか」という項目がありますが、これは、大学平均3.1に対して2.4とかなり低い（したがって私語が多い）値になりました。しかしこれは、許された討論のことを私語と学生が解釈したためでしょう。実際は討論でしゃべりたい気持ちが発散されるので、講義中の私語はほとんどなかったと記憶しています。もう一つ、「あなたは、この授業について平均的に毎週どの程度予習・復習をしましたか」という項目があります。これは、大学平均1.6に対して2.5とかなり高く、学生自身はこの授業ではかなり勉強したと自負しているようです。

　クラス全体の評価は良かったのですが、グループレポートに関しては賛否

＊）応用問題の番号は、教科書（グレゴリー・マンキュー『マンキュー経済学Ⅰミクロ編』東洋経済新報社）の番号である。

グループ指導法をとり入れた経済学授業

が分かれました。「グループでの話し合いは、各人いろいろな意見を持っていて、とても充実したものだった。大いに触発された」「グループの人と仲良くなれた。討論の力がついた」「時々難しくて分からない課題がでて悩んだが、結局は、グループのみんなで乗り越えてきて、すごく力になった」「友だちを作るきっかけになったし、連帯責任みたいなものを感じて授業にでなければという気持ちにさせられた」。

こうした肯定的な意見も多かったのですが、グループの成果として5人に同じ評点をつけることには反対もありました。「グループの話し合いがほとんどできなかった。班員のうちの一人がほとんどこなかった。成績が一緒というのはあまりにもひどい」「少数だが、グループの仲間に頼って自分はやらないという人もいる」というのです。私としては学生にアンケートをとり、グループ内で貢献した人の名前を挙げてもらい、それを参考にレポートの個人点には多少の差をつけたのですが（そしてそのこともアナウンスしたのですが）、やはり学生たちは不平等に感じていたのでしょう。

この授業のやり方の反省点として、まず、今までのように90分連続して話すよりはかなり改善されるのですが、それでも60分間の講義には飽きがきて、居眠りが出てしまうことです。60分間集中力を維持するのはかなり難しいようです。つぎに、5人というサイズが少し多すぎたようです。討論に参加していない学生が多かったように思われます。机と椅子が固定式という討論には向かない教室環境も災いして、後ろを向いて話すには30分は長

すぎました。

　そしてグループ活動最大の難題かもしれませんが、フリーライダーの問題を克服できなかったことです。グループレポートは、まじめに取り組めば相当力がつきます。実際、かなり時間をかけて熱心に勉強したグループも多かったのです。しかし、学生がレポート作成のために放課後集まるのはなかなか大変で、全員で取り組めたグループとそうでないグループの差は歴然としていました。加えて、「ミクロ経済学A」は必修なので、再履修をしている上級生が多く、概して出席が悪い彼らのいるグループは、うまく機能しなかったようです。

3　新たな挑戦

　2001年夏、教育・学習活動支援センターの派遣研修でミネソタ大学の協同学習法ワークショップに参加しました。以下は、そこで学んだ協同学習法の実践です。

(1) ミクロ経済学A

　前回はバズ学習にヒントを得たグループ活動を試みた「ミクロ経済学A」ですが、今回は79名と比較的小さいクラスでの挑戦です。教室は椅子も机も固定式なので、インフォーマルな協同学習グループを利用してみました。今回も10回の宿題を課します。宿題といっても、分量はかなり多く、欧米の大学でいうプロブレム・セットというイメージです。この宿題をこなせば、かなりのレベルに到達できるでしょう。

　授業は、伝統的な講義をインフォーマルグループによる話し合い学習で挟む方法をとりました。あらかじめプレゼンテーション・ソフトで作成した教材を、Web上に載せておきますので、熱心な学生は予習してから授業に臨めます。授業では、本論に入る前に、簡単な択一式のクイズを行って前回の復習から始めます。たとえば、つぎのような問いを投げかけるのです。

QUIZ#1　あなたはある美術館の館長です。入場者数は入場料金に対して非弾力的です。収入を増やすには、
　A　入場料を上げる
　B　入場料を下げる
　C　入場料は変更しない

　このようなクイズを教室のディスプレイで写しながら、「Aと思う人は？」と挙手による応答を促します。一度聞いた後で、隣の人に自分はどれが正解と思うか説明させ、もう1人がその答えをチェックし、2人が同じ回答に一致するまで話し合ってくださいと指示します。2、3分がやがやと話し合ってもらった後で、再び同じ質問をし、挙手してもらいます。最初のとき自信がなさそうだった学生たちも、話し合いの後では自信をもって応答し、正答率もほぼ100％にまで高まります。

　つぎに、今日の授業でカバーするポイントを提示し、講義に入ります。15分ほどして、学生が飽きてくるころに、QUIZ#2として、復習と理解度チェックをかねて択一式の問題を出します。回答を挙手によって促し、隣と話し合わせ、再度、同じ問いを発し、正解と解説をします。2回目には、ほとんどの学生が正しい答えを出すので大いに誉めます。

　このように、90分の講義をインフォーマルなディスカッションで挟んでいくのです。クラスの雰囲気は格段に良くなり、学生も退屈せず、私語もほとんどありません。

　前回の反省を活かし、宿題は個別に提出させ、個別に採点しました。したがって、放課後の学習は個人個人で行います。前回よりも高得点なのはクラスサイズの影響もあるので多少割り引くとしても、授業アンケートの総合評価は3.5と、かなり高得点でした。学生とのコミュニケーションについての質問では3.8。これは、大学平均3.3、学部平均3.1と比較して、かなり高い評価です。伝統的な講義に少しインフォーマルグループの協同学習法の要素を加えただけで、授業の雰囲気は格段に良くなり、学生を学習モードへと誘導し、注意の焦点を学習対象に向けることができたようです。

(2) **ゲーム理論**

「ゲーム理論」という授業は、内容が数学的なこともあって、受講者は、16人と少人数でした。割り当てられた教室の机と椅子は可動式で、しかも机が1人用であり、最適な環境でインフォーマルグループを使った授業を行うことができました。

内容を簡単に紹介します。第1回目の授業では、ゲーム理論的な状況を理解させることがポイントでした。教科書がパン屋のエピソードで始まっているので、そこから題材をとり、次のように授業を進めました。まず、学生を2人のペアに分けます。あるペアは、「町のパン屋」を経営している夫婦、他のペアは、「ベーカリー」経営者夫婦というように、役割を与えました。16人いるので、それぞれ4軒の「町のパン屋」と「ベーカリー」が誕生するわけです。次に、「町のパン屋」と「ベーカリー」1軒ずつからなるグループに組み分けます。学生には次のようにアナウンスします。

「グループ内の2軒のパン屋は、ライバル同士であり、一つの町に、この2軒のパン屋しかありません。それぞれのパン屋は1種類の同質なパンを製造販売しており、固定費用は○○円、限界費用○○円です。2軒のパン屋は、町全体のパンに対する需要曲線を知っています」。

その上で、それぞれのペアの学生（たとえば『町のパン屋』のペア）に、つぎのように指示します。「あなたたち夫婦は『町のパン屋』の共同経営者です。『ベーカリー』というライバルがいます。安いほうにお客は流れていってしまいます。同じ価格なら市場を分け合います。ライバルに聞こえないようによく話し合って、10円刻みで、一つの価格を決定して、カードに書いてください。2人が納得しなければなりません。あとで、理由を聞きますから、なぜその価格に決定したのか説明できるようによく考えてください」。

学生は、価格を決定するために一生懸命ああでもないこうでもないと話し合い、計算します。数分後に、ライバル同士の書いた価格を発表し合い、利潤を計算します。どちらのペアがより多くの利潤を得たかで勝敗を決めます。

これは、条件を明確にした「ビジネスゲーム」の単純バージョンと言えるでしょう。ゲーム理論の本質は、プレーヤーの意思決定の相互依存性ですが、単に知識として理解するのではなくて、このような仮想体験を通じて、はっきりと本質をつかめたようです。

このようなインフォーマルな学習グループは、この授業で毎回活用しました。授業の開始時に、2人1組のペアに分けます。最初の何回かの授業では、打ち解けていないので、異なる相手とペアを組むごとに、簡単に自己紹介と、休暇のプランなどを話させ、和やかな空気にすることを心がけました。それが終わると、適宜、ペアにタスクを与え、協同学習活動を行います。たとえば、ポイントになる数式の説明などは、私が黒板で一通り説明した後で、確認のために、ペアを組ませて、説明させます。「窓に近い人が (6.1) 式を、廊下に近い人が、次の式を、なぜこの式が導出できたのか、相手に分かりやすく説明してください。聞き役の人は、はっきりしなかったら、質問し、間違いがあったら指摘してください」というようにです。5分ほど時間を与えて、1、2のペアに確認の説明を促します。また、公共財の供給に関しては、次のように指示します。「このメカニズムを用いると、どのプレーヤーにとっても正直に情報を伝えることが弱支配戦略になるということを説明してください。過大評価すると損することを1人が、過小評価すると損することをもう1人が、相手に説明してください」。彼らの説明を聴いていると、どこでつまずいているのかすぐに分かりますので、難しい問題のときは、ヒントを与えます。

また、とくに重要な問題では、授業内で終わる協同レポートを課しました。「ペアで、解答を作成してください。2人が納得して、サインして、提出してください。チェックを受けたペアから昼休みにはいって結構です」というように指示しました。休憩のご褒美は、学習の誘因をさらに高めるようです。学生は、早く休憩に入ろうと、一所懸命学習します。

この「ゲーム理論」の授業でも、協同学習法に対しての学生の評価は、かなり高かったようです。「非常に楽しい授業だった」「聞いているだけだと、

すぐ忘れてしまうけど、自分が説明しているから、『あのときこのように説明したな』と、思い出すことができる」といった、肯定的なコメントを寄せてくれました。

実践事例❷──共に学び合える英語学習

1　はじめに

　教室で多くの学生を対象に行われる英語教育というのは、一般に教師主導型で、学生は教師の教えを聞き、知識を習得していくというのが大半ではないかと思います。学生がクラスの仲間と生き生きと触発し合い、切磋琢磨し合うという授業はあまり耳にすることがありません。学生が教師だけからではなく、周りの皆からも学び合える楽しい英語学習はどうやったら可能になるだろうかというのは、英語教師の共通の関心事ではないでしょうか。

　筆者がその疑問に取り組んでみようと積極的になったのは、2002年4月に開催された創価大学教育・学習活動支援センターの教授法研修会（担当講師：関田一彦）に参加したことが契機となりました。筆者自身も学内の諸先生がたと共に協同学習を体験し、従来の英語教育にも協同学習を取り入れることで、学生が「共に学ぶ仲間」として他の学生からも大いに学ぶ機会を増やしていけるのではないだろうか考えました。ここでは、学生はいったい何を仲間から学び取っていくのだろうかという好奇心を持ちつつ、2002年度前期に行った実践例について報告致します。

2　協同学習を導入

(1) 応用力を問うテスト

　本学英語科では、通常1クラス20〜50名程度の比較的少人数で授業が行

われています。筆者が担当しているクラスで一番履修者が多くなったのは、2年生67名が履修した選択科目、Advanced Listening でした。もともと56名しか座れない LL 教室で、座りきれない学生は、ブースの後ろに臨時の移動型の机と椅子を使用して授業を受けることになりました。座れない学生にも疎外感を感じることなく、共に授業に参加し、学び合っているという意識を持ってもらいたいとの願いもあって、まずこのクラスに協同学習を取り入れることにしました。

この Advanced Listening は、毎週の課題になっている英語を何度も聞き、モデルに近づくよう発音練習を行い、覚えて書けるまでねばり強く練習することが望まれています。1年次の必修科目 Listening では、その練習成果を授業開始時の小テストで測り、毎週9から17の課題文の中から三つの問題がそのまま問題が出されます。たとえば、第7週目には16の課題文があり、その中の "We exchanged frank opinions in the meeting, but consensus is yet to be reached regarding this matter." "He came up with an ingenious, sensible solution and immediately put it into practice." "Without your solid support, the deal would have fallen through. I'm grateful to you."（鈴木陽一『DUO 3.0』アイシーピー）が出題されました。

今までは教師はテスト後テスト用紙をすぐに回収し、採点して学生に翌週戻していました。このやり方では、学生は自分が学んだ結果しか分からず、クラスの他の学生がどれくらい勉強し、どの程度課題文を身につけているかはわかりません。淡々と自分のベストを尽くし満点を取り続ける学生、多少の間違いはあるけれども努力をしている学生、なかなか自分だけの学習では良い結果をだせなかった学生等がいました。

筆者は、2年生に対しては上記のような課題文をそのまま出題せず、いくつかの課題文を組み合わせて出題し、課題文を応用して聞き取り、書き取れるかというさらに応用力を問うテストに切り替えました。そして、「教育は一緒に学ぶときの人間的触発があるときに非常に効果が大きくなる」「自らの学びが誰か（仲間）の役に立つ、そして仲間の学びが自分の役に立つ」と

いう協同学習の知見から、すぐに採点者として教師が介在していくのではなく、まず同じクラスで学んでいる学友に「仲間の学び」を見てもらい、「自らの学び」で「仲間の学び」を「点検」してもらい、「仲間の学び」を気遣い、互いに真剣に学び合い、その成果を認め合い、励まし合い、そこからともどもに何かを学び取ってもらいたいと思いました。

そこで、授業が開始して最初の数週間は、教師は学生に次のような主旨で、語りました。

「これから、皆が1年生のときから使ってきた親しみのある教材（『DUO 3.0』）を共に聞き、発音練習し、応用して使えるようにしていきます。毎週の課題文の応用聞き取り問題を自分1人ができるようになるだけでなく、この教室で共に学び合っている仲間と一緒に書き取れるようになっていきましょう。お互い、就職活動や進路の問題を抱え、悩みもいっぱい出てくるでしょうが、真剣に学び、仲間と苦楽を共に、励まし合っていきましょう。あなたの努力はきっと答案用紙に出てくるはずです！　仲間の学習成果を点検して、共に学び合っている友の頑張りを見て取れたり、何か気づいたことがあったら、ぜひ一言コメントを添えてあげて下さい」。筆者のこうした気持ちが学生の心に届くようにと、祈るような気持ちで伝えました。

(2) 答案の点検

小テストを行った後、教師は答案用紙を回収し、1年次のときのように同じ人（教師）から点検されるのではなく、なるだけ週ごとに点検者が変わり、異なる「仲間」から相互に何かを学べるようにと配慮しながら、答案を異なる学生に配り、学生にランダムに配られた答案を点検してもらい、見つけた誤りを正してもらいました。同時にそれは、学生が知らない相手とどのように関わり、お互いがどういう反応を示し、どういうことが起こるかを知りたかったという面もあります。

この実践を行う前までは、テストに関する教師への積極的な質問は皆無に近かったのですが、学生は予期せぬ英語表現を点検者としてどう採点してい

いかわからない場合、隣前後に座っている学生に相談したり、点検中に教師に手を挙げて質問をしたり、個別に教卓まで聞きに来たりするようになりました。1年次には、学んできたことをそのまま聞き取り、書くだけで、こうした疑問を持ち、学習者間でお互いに意見を交換したり、教師に質問するところまで活動が発展しませんでした。

　点検者は採点を厳正に行うという意味を込めて、点検結果がでたらコメントや励ましをつけて署名を行い、ブース番号をたよりに、点検した答案用紙を持って、相手のブースまで答案を届けます。答案を受け取る学生はほとんどの場合、「ありがとう」と言うか会釈をして受け取っています。今まで教師が答案を返しても、そうした感謝のこもった反応はあまり見たことがなかったので、筆者は驚きとともに感銘を受けました。学生は、戻って来た点検結果を自分自身で確認を行い、すぐに見直します。以前のやり方では、テストで間違ったところの見直しが十分にはできていませんでした。

　答案が戻ってきた学生から点検は合っていても、合計点が多かったり少なかったりするという指摘が若干ありました。最初は、点検者が誤りを発見できずに、答案が戻っていった場合、本人もそれに気づかない場合がありましたが、「採点ミスがありうる」ことを伝えると、採点された答案をよく見なおすようになりました。それでも、採点の間違いをしているときには、その訂正を本人に自主的にしてもらいました。こうしたことから私たちはうっかりして見落としや間違いをしていることがあることをあらためて認識し、戒めることができ、よく確認することの重要性を学び合うことができました。

　点検内容に疑問がある場合は、その質問事項を答案用紙に書き、教師に質問することができるようにしました。教師は、授業後なるだけ早めに、その個別の質問に答えると同時に、点検内容に誤りが見られる場合は、その点検者の答案用紙を探し、その事実を書き添え、見落としや誤解していたことをわかりやすく指摘するように心がけます。その後、教師は正確な小テストの採点結果を履修者名簿に記帳し、翌週すべての答案を返却します。学生（人間）が点検したものはだいたいできていますが、完璧とは言えませんので、

必ず教師が目を通す必要があると思います。誤りの指摘を受けた学習者は、その内容をよく理解できない場合は、その答案用紙を持って、教師にいつでも質問することができよう配慮していきます。

(3) 積極的に学ぶ

　受講者が多人数の場合、こうした協同学習を取り入れないと、教師は合っているか間違っているかという機械的な採点になりがちで、間違った部分を細かく訂正するところまでなかなか至らないことも多いでしょう。無味乾燥な機械的な採点では、よく見直す気持ちになりにくいのもあるでしょう。こうした形態で小テストを行うと、間違ったところを本人が認識するだけでなく、よく見直し、自分が点検した答案が正しく書けている場合、次は間違わないようにしようと決意するかもしれません。さらに、点検者もどういう間違いが起こりうるのかを知ることができ、よく注意して学ぶことができると思われます。

　以前のテストと採点の形態では、あまり質問は出なかったように思います。しかし、このやり方で授業を進めると、学習者は予習の段階から英文をあれこれと一生懸命考えて来るため、自分の考えた英文は正しいのか、正しくないのかを見極めたいと思うようです。そのため、この試みを行い始めると、「〜ではいけませんか？」「〜もよいのではないでしょうか？」「どうして、〜はいけないのですか？」等、学生は質問を多くするようになりました。皆の前で挙手して、堂々と質問できる人はかぎられているかもしれませんが、こんな形で積極的な質問を聞けることは、教師にとっても面白く楽しいと思いました。

　この協同学習を取り入れる前は、小テストの前後と最中は緊張感があるため、その緊張感がある程度、良くも悪くも両面で授業に影響を与えていましたが、協同学習を取り入れてからは、小テストが終って点検するときには、それまでの固い雰囲気はなくなり、そのマイナス面を減らすことができました。最初は、頭に描いた通りに進むかどうか不安もありましたが、実際に

LL教室での授業風景

やってみて教師の話しを聞くことが中心になる単調な授業より、協同学習を取り入れた授業のほうが、めりはりもでき、学生はより能動的に学習に参加し、教師の話しを聞くときもより集中して聞いてくれるようになったと感じます。

　学生は、1年次と違った方法で入念な予習を行い、小テストに臨まなくてはならず、この新しいたいへんな学習経験を共に体験しながら、他の学習者と共にその練習成果を正しく評価する役割を担い、自分に与えられた答案用紙に仲間として励ましの言葉や建設的なコメントを行っていくことが軌道に乗るまで、3週間くらいかかったと思います。学生は「共に学んでいる」学生の頑張りを目の当たりにするにつれて、「仲間」意識が徐々に形成され、触発をたくさん受け、学ぶことに積極的になり、生き生きとして、いろいろなことに興味を持って学んだようであり、具体例を引きながら、後述していきます。

3　学習者の反応と意見

(1) 最初は「嫌」だと感じた学習者から

　この実践で、学生たちが一番当惑するのは、自分の成績が他の学生にわかってしまうという問題です。最後のアンケートによると「みんなで交換して採点し合うのは、最初はすごく嫌で、なんでこんなことするんだろうと思っていました」「最初はできないのがみんなにばれると思うと、すごく嫌で、授業に行くのも嫌になるくらいでした」という強い拒否感もあったようです。

　しかし、最初は「すごく嫌」だと感じた学習者も「だんだん慣れて」、点検を行うたびに「一緒に頑張っている」という共感を持てるようになり、仲間に「触発」され、「感謝」できるようになっていきました。また、仲間の努力や頑張りが感じられる答案用紙を見て「私もまだ頑張れる」と発奮できたり、点検者の言葉に励まされたり、アドバイスをもらったりして、頑張ろうという気持ちになっていった例もありました。

　最初は自分の点数を人に知られるのは「嫌」だった学生の中から、「たくさん勉強ができたことが良かった」という感想が出ました。その理由として、「相手に答案を見られるのだから、恥ずかしくない点を取ろうと決めた」ことや、自分より良くできている答案から、ケアレスミスが多く、時制や否定文やrとlを区別するリスニングが聞けていないのに気づき、そうした点を改善していくため「一生懸命勉強することができ」たようです。

(2) クラスメートと学び合い「刺激」を受けた学習者から

　この実践では、自分の成績が他の学生に分かる代わりに、他の学習者の成果も目の当たりにでき、共に学ぶ仲間から何かコメントをもらえるというプラス面があります。その中で学習者にとって最も新鮮だったのは「刺激」ではなかったかと思われます。

　「自分と先生だけが点数を知っているのではなくて、自分の勉強の成果を

友達にチェックしてもらうという、いい緊張感があり、向上心を自然と身につけられました」「とても刺激的だった。誉められると、次も頑張ろうと思えたし、ライバルではなく仲間という感じがした」という意見から、ストレスになるような過度な緊張感ではなく、「いい緊張感」や点数だけを競い合う「ライバル」ではなく、相互の向上を目標に励まし合う「仲間」というクラスの環境ができていったことは、協同学習を取り入れた成果であると思います。

　他の学習者の点検をする際、単に機械のように採点だけに終始したのではなく、「こんなに点数が取れるのはどうしてだろうと深く考えさせられた」「自分は勉強に甘く、やる気と持続性と執念が足りないと反省」したり、「みんながどれくらい勉強してきているかがわかった。地道な努力の大切さを学んだ」「自分なりに頑張っているつもりでも、できていなくて残念に思ったりした」等の学習者自身の学習や成果について振り返り、自分の学習を鋭く点検している姿勢が多くみられました。

(3) **点数が良くなかったときに前向きになれた学習者から**

　テストの点数がふるわなかった学生にとって、この実践はどういう反応や効果があったのでしょうか。たいていは点数の良し悪しで一喜一憂したりする傾向があるものですが、「点数が思うように取れなかったときに、とくに励まされたように思う」という貴重な声がありました。学生たちはこれまで正誤と点数がわかる答案はたくさんもらってきたのですが、点数が悪いときに励ましの言葉をもらうことがなかったので、「友人や一度も話したことのない人から優しい言葉が添えてあり、感激したことも多かった」という感想があります。

　それは、どんな励ましかというと、「どんなに成績が悪くても、私の可能性を信じてくれている」励ましで、「やる気が出なくて、どうでもいい気分を変えてくれ、救われたような気がした」というのです。学習者の可能性を信じることに通じることでしょうが、学習者がテストで「全然できなかった

ときに『一緒にがんばろう！』とか『次は一緒に満点だよ！』」と励まされたことに対して、その学習者は「努力しきれていない自分」を反省し、恥ずかしく思い、「次こそは頑張ろうと、やる気を出し」自らの可能性を自分で開いていった学習者が少なくありませんでした。

　相手の可能性を信じる「温かい目で見て書いてもらった言葉は、落ち込みそうな心をぐいっと引き上げてくれた」「英語の得意な人はそうでない人を見下すのではなく、すごく親切にコメントしてくれ、みんな一緒に学んでいると感じることができた」との感想は、関田先生が強調しておられた「相手の学びを気遣う」心の豊かさを育んでいったことが表れていると思います。一緒に学び、相互に学び合いながら、一人ひとりとの信頼感を増し、その信頼感を相互に深め合うことによって、人と人が良い影響を与えながら相互に可能性を良い方へ開き、どこまでも学び抜こうとする知恵をこの協同学習から身に付けていったと思います。

4　協同学習の効果

　筆者が初めて行った協同学習の最大の特徴は、「最初はつまらないミスや勉強不足で、なかなか思うようにいかなかったけれど、みんなと切磋琢磨しながら、つねに上を、上をと目指していけた」という学習者の声のように、仲間の「努力」に大なり小なり刺激を受けて、学習者は自分自身の学習を真摯に見直し、「自分もやろう」「自分ももっとできるはずだ」と思うようになり、学習意欲が向上したことです。そして、学習者間のコミュニケーションや励ましを協同学習から得ることによって、点数を知られたくないとか、点数へのこだわりから徐々に解放されて、「一緒に頑張ろう！」という学ぶ態度が育っているように感じました。特筆すべきことは、協同学習のおかげで、学習者が思うような成績が取れない場合にも、落ち込むことが少なく、投げやりにならずに、自分の可能性を開いていく向上心が養われ、根付いたことです。

多くの英語の授業では、クラスの平均点や最高点を知る機会はあったとしても、他の学習者が毎週どれくらい基本と応用の勉強をしているかというのを、お互いに知り合う機会はほとんどないと思われます。しかも、これは教師から「来週テストをしますから、勉強して下さい」「皆さん、もっと勉強しましょう」と言われて、外発的に動機付けられるのとは大きく異なります。これまで述べてきたことから、協同学習を導入することによって、教師が学生に一斉授業で知識を教えるだけでは教育できなかった多くの掛け替えのないことを、学習者はクラスのよく知らない仲間からさえも豊かな感受性で、前向きに学び取っていることが明らかになりました。

　最後に、この協同学習の素晴らしさを端的にまとめると、最初から最後まで教師による一斉授業で個別学習の多い英語学習からは得がたいことを学習者が主体となって学び得たことです。それは、学習者は応用のきく英語学習を仲間と共に目指し、仲間として相互に認め合い、触発し合い、相互の英語学習を温かく支え合え、共に学び合える喜びを共有し、今後も人間らしく幸福に生きていくための生きる力となる「学び抜く知恵」と「向上心」をも身につけていったと考えます。

実践事例❸──体育実技における協同的なグループ活動

1　はじめに

　本節では体育実技「バレーボール」における私のグループ指導法を報告します。私の大学では体育実技は選択科目として開講され、受講学生のほとんどが1・2年次生です。授業を行う屋内体育館には3面のコートを取ることができますが、壁面や隣のコートとの間隔が狭く、コートの周囲に十分なスペースを確保することができません。そのため履修者の多い授業では、受講学生が壁面や他コートのプレーヤーと衝突したり、他コートから進入した

ボールを踏んだりして怪我をすることのないように、何度も繰り返して注意を促す必要がありました。

　また、私にとってバレーボールは、競技経験がない専門外の種目です。体育科教員養成カリキュラムの一環として、(20年以上前に)バレーボールの基礎的な技術と指導法を半年間実習したことが、唯一の専門的な実技経験です。したがって、担当教員として専門的な実技の模範を示すには、どうしても技術力が不足していました。

　その不足を補う必要から、私はバレーボール指導のベテランに指導法についての助言を求めました。そこで得られた助言の骨子は、運動経験の少ない初心者が、一番難しく感じるアタックを打てるようになること、全員が試合の中で、アタックを打つ楽しさを体験し満足することができる、それを良いバレーボール指導の一つの条件としていました。そのためにネットを低くしたり、サーブとレシーブを簡単にしてラリーが成立する機会を多くするなどのアイディアが含まれていました。それらのアイディアを参考にして、受講生の満足度を左右すると思われる点をしぼり込みました。受講生に学習してほしい授業内容について、工夫した点をまず紹介します。

2　初心者の指導法の工夫

　初心者がバレーボールを実習する際に感じる困難さを、技術的な課題と心理的な課題に分けて、次のようにまとめました。当然のことながら、実技における困難さは複数の要因が相互に関連していることが多いので、この分類は、あくまで受講生にイメージを持ってもらうための便宜上のものです。

(1) 技術的な難しさ

① プレー中、手でボールを保持することが許されない。ボールを保持せずにすべてヒッティング動作でボールをやりとりする技術は、日常動作に例が少ないため難しい。そのため、突き指を恐れてオーバー・ハンド・パ

スを打てなくなることや、サーブがネットを越えずにラリーが成立しないことが多い。

②　上級者が強打したサーブは、正しくレシーブすることが非常に難しい。また、上級者のサービスエースを真似しようとして、中級者がサーブをミスすることも多い。そのいずれの場合も、サーブだけで得点が決まってしまい、ラリーが成立しない。

③　ネットが高いため、アタックやブロックなどはジャンプしてプレーする必要がある。空中を移動するボールに対して、プレーヤー自身がジャンプしてタイミングを合わせることは、上方の空間認知と空中での身体のバランス維持など、複雑な調節を同時に要求されるため難しい。また、空中の動作でバランスを崩しやすく、着地に失敗して足関節を捻挫したり、転倒して怪我をすることも起こり得る。

⑵ **心理的な難しさ**
①　初心者は上級者に遠慮して極力ボールを譲るか、安全確実な方法だけを使って返球するなど消極的なプレーをしやすい。それが度重なると気持ちが萎縮して、チームの中での働き場所をますます見つけにくくなる。

②　プレー中は連続して場面が変化し、事前には予測不可能な、とっさの動きを要求されることが多い。そのため初心者がゆとりを持って練習成果を試す機会が少なく、技術的な進歩を実感することが難しい。

これらの課題を克服するために、練習と班の運営について重要と思われる項目を、以下にあげるポイントにまとめて提案しました。

〈技術的な難しさを改善するポイント〉
　①　打球動作は、膝と足関節の曲げ伸ばしを含んだ下半身のバネを使い、全身的な動きを協調させて手や指の負担を軽減することを意識する。
　②　サーブの打点を肩よりも低いところに限定する。また、アタックライ

ンの後方であれば、サーブをコート内からアンダーハンドで打つか投げ入れる方法も選択できるようにする。
③　ネットの高さを正規の高さよりも低く（学期の前半は205 cm、後半は210 cm）設定する。
④　アタックやブロックは、ジャンプする動作と打つ動作を分けて練習する。

〈心理的な難しさを改善するポイント〉
①　初心者を含めて全員がアタックで返球する三段攻撃を行うことを、クラス全体の最優先目標に設定する。また、各班がそれぞれ方法を工夫してその目標を達成することを促す。
②　試合を待つ間も、ラインジャッジ・主審・副審・スコア係・ボール拾いを分担し、全員が仕事を受け持つ。
③　一瞬の油断やいわゆるお見合いをなくすために、プレー中は初心者・競技経験者を問わず、全員がすべての打球に責任を持つ。個人の技術の巧拙よりも、各人のポジションを生かした連携プレーを重視し、主体的にチームプレーを支えることを促す。

さらに審判法について、初心者の積極的な攻撃参加を促すことと白熱した試合展開のチャンスを多くする意味で、オーバー・ネットの反則についてはルール通りに（厳格に）、タッチ・ネットの反則については少し甘くルールを運用するように指導しました。

3　グループ学習の導入

2001年度前期は、履修希望者110名全員を受け入れました。バレーボールの試合のチーム編成に好都合であるという視点から、この110名の受講学生を固定した九つの班に分けました。この班編成に当たっては、各個人に中学生以降の運動部活動歴をアンケートし、バレーボールの技術習得に、有利

と思われる度合いに応じて経歴を6段階に分け、技術的に異質なメンバー12～13名で構成される班を編成しました。そして前述の学習ポイントを提示した上で、グループ学習の形態で授業を進めました。コート1面に三つの班を割り当て、割り当てられたコート内で班別に練習し、同じコートを使う班同士で、1週に1班あたり2試合ずつのリーグ戦を行いました。私は欠席者のある班に加わり、受講生と一緒に試合に参加しました。大半の班では練習・試合とも活気があり、授業は成功しているようにも見えましたが、よく観察すると以下の問題点が見つかりました。

〈グループ学習での問題点〉
① 実質的な授業開始までに時間がかかりすぎる。整列と出席点呼だけで10分以上を要した。
② 提示されたクラス全体の目標や学習のポイントの理解に、班や個人の間で大きなばらつきがあった。
③ 各々の班や個人の努力目標があいまいであった。
④ 準備運動・目標設定・練習計画の重要性について、理解が進まなかった。
⑤ 班によって学習の効率に差が大きく、上達の度合いがばらばらであった。
⑥ 事故や危険に対する警戒心があまり育たなかった。
⑦ 欠席者が多かった（欠席率約15％）。

これらの問題点は、クラス全体の学習目標の達成度を低くし、回避可能な危険を見逃し、結果的に受身の受講姿勢や怪我を招くことにつながりました。また、競技経験者の中には他者と助け合い、協力し合って練習を工夫する姿勢を、最後まで持てない者が一部見られました。練習や試合を行うためのグループ（班）を単位として指導する方法は一般的ですが、多人数の体育実技授業でグループ学習を実践し、その問題点を整理してみると、授業方法に改

善の余地が大きいことを感じました。そんな折り、同僚（本章編者）からグループ活動を充実させる協同学習の考え方をアドバイスされたのです。

4　協同学習の導入

　上記の問題点の改善を目指し、まず第一に安全上の理由から、2001年度後期以降は履修許可者を81名に制限しました（実際の履修者数は74名〜84名）。また学習の成果を上げるために、協同学習の考え方を取り入れました。班は単なるチーム分けのためのグループではなく、全体の学習目標を確認しその学習を進めるために、自分たちで考え、行動し、その成果を評価するユニットとして位置づけました。また、班や個人が目指すべき活動のポイントを明確にし、そのために、班の構成員が互いに励まし合い、協力して教え合う場として機能するように指導しました。

(1) 班の編成

　班編成のために、最初の授業時に受講生の運動活動歴を調査しました。以前用いた運動部活動歴のアンケートは少し大ざっぱ過ぎたので、活動経歴の調査範囲に小学生時代を加え、学校の運動部活動に加えて、民間クラブや地域クラブなど学校外での運動活動歴も対象に含めました。その結果を7段階に分け、技術的に異質なメンバーで構成され、かつ班全体の技術力と男女の構成比をほぼ同等にした九つの班を編成しました。一つの班の人数は平均9人でした。

(2) 協同学習を促す説明

第1週目の授業の冒頭に、次の内容を学生に伝えました。

① 　この授業の担当者（私）は、バレーボール実技の専門的な技術を持っていない。そこで、受講学生の持つバレーボールや他のスポーツの技術

バレーボールの練習と班単位のミーティング

　的な財産を、全受講学生の技術向上のために、最大限に活用することを目指したい。
② 　多人数の授業を効率よく進めるために、班別に協同学習する授業方法を提案したい。異論がなければ、協同学習が成功するように、全員の協力をお願いしたい。
③ 　出席点呼・目標設定と練習計画づくり・練習ならびにミーティング・学習の評価と報告書作成を班別に行い、練習の効果を競うために班対抗のリーグ戦を行う。
④ 　各人の目標は、自身の技術の向上と合わせて、他者の練習を効果的にサポートし、班の全員が助け合ってレベルを向上させるところにおいてほしい。
⑤ 　初心者や競技未経験者の技術の向上を重視し、三段攻撃の整った攻撃的なバレーボールのゲームに、全員が等しい立場で参加することを目指す。
⑥ 　プレーをしていない時間は、審判法の習得と危険を未然に防ぐことに努め、試合の運営面のレベルを向上させることに全員が貢献してほしい。

　ここでは、競技経験者のみを試合の主役にするのではなく、未経験者・初心者を含めて全員が等しく主役にまわるチャンスを作るように、特別に意識をして練習することを強調しました。そのためには、初心者がスパイクやブ

ロックなどネット際の高い位置での攻防に、積極的に加わる意識を持つ必要があり、各班がこの課題のために練習方法を工夫するように促しました。

　この説明の後、最近の成功しているバレーボール授業のプログラムを参考にして、アタックの基礎練習（技術的な難しさを改善するポイント④）を最初に紹介し、便宜上作った仮編成の班で、初回のチーム練習と練習試合を行いました。

(3) 協同学習導入に対する期待感

　第2週目の授業より、受講学生の運動歴を基に編成した協同学習班による活動を始めました。この班編成を発表した後、班単位でミーティングを行い、これから取り組む授業における、クラス全体の目標に基づく班独自の練習計画について話し合いの時間を持ちました。その計画に則って班別の練習と試合を行い、授業の終了時に各班の目標や協同学習に対する印象について、班ごとにレポート提出を求めました。そのレポートによると、協同学習を導入した授業の方針は、受講学生に好意的に受け止められ、学生は授業の展開に大きな期待感を示していました。協同学習に対するレポートの主な記述は、以下の通りです。

① 時間を有効に使えるので授業が楽しい。短時間で仲良くなれる。
② メンバー同士が学部・学年の枠を超えて親しくなれる。チームの団結が深まる。
③ 目標と課題を持つことで向上心を持って取り組むことができる。
④ 練習がやりやすい。練習のやりがいがある。
⑤ 性別や運動能力の差を超えて楽しむことができる。協調性が養われる。
⑥ 班ごとの実力の差が少ないから、ラリーがつながっておもしろい。
⑦ 少人数の班だから、お互いの課題を細かく指摘し合える。
⑧ コミュニケーションが取りやすい。授業に自主的・積極的に参加できる。

⑨　自分たちで課題を提案し、自分たちでそれを克服していけるところが良い。

(4) **協同学習が始動**

　第2週目から実質的にスタートした協同学習は、その考え方が受講生にスムーズに受け入れられ、初めから活発に励まし合い協力し合う場面が見られました。授業中の受講生の様子に、グループ学習との相違がはっきりと感じられました。主な点は以下の通りです。

①　授業の初めと終わりに、必ず自発的なミーティングをするようになった。
②　練習の姿勢がより真剣になった。以前にも増して明るく元気がよくなった。
③　試合中に長く続く緊迫したラリーが多くなった。
④　初心者が積極的にアタック攻撃に参加するようになった。
⑤　相互の協力・助け合い・励ましが多く見られるようになった。
⑥　審判のスキルが著しく向上し、試合が引き締まって盛り上がるようになった。
⑦　事故や怪我を未然に防ぐ意識が向上し、お互いに注意し合うことが多くなった。

5　協同学習の成果と学生の感想

　協同学習の考え方は、私の多人数の授業に実感できる大きな成果をもたらしました。欠席率を比較すると、グループ学習の15％から協同学習では8.2％に減少しました。前期のグループ学習は110名が受講し、後期の協同学習は約80名ですので、受講者数に差があります。しかし、受講者数が少なくなったから出席率が向上したのではないようです。同じ担当者で同じ体育館

を使っている他種目の体育実技授業の例では、平均受講者数が38名と協同学習のバレーボールの約半数ですが、それらの授業の欠席率は15.3%でした。この例と比べても、バレーボールの出席率が向上した理由は、受講者数が少なくなったことよりも、協同学習の考え方を取り入れた授業方式によるものが大きいと考えられます。

学期の後半にも班ごとにレポートをまとめてもらいました。受講学生から以下のような感想が寄せられました。

① 経験者が丁寧に教えてくれるのが良い。初心者にもトスが上がったらアタックを打てるという意識ができた。
② チームの一人ひとりが課題と役割を自覚して、お互いに協力することができた。
③ みんなで話し合う時間が多く効率が良いし、互いに学び合うことができる。とても仲良くなれて楽しい。
④ テーマを意識することで1日1日達成感を味わえる。そしてさらに上のテーマを目指して上達できる。
⑤ 授業のテーマを強調する教員の姿勢にとても共感できるし、また自分もそれができるように努力したい。
⑥ 審判法や練習テーマを先生が強調してくれたおかげで、全員が目的と向上心を持って練習できた。ルールの説明が初心者にも分かりやすかった。
⑦ サーブをコートの中から打つルールは良かった。みんなが公平にバレーボールができるようになる。三段攻撃を多くすることができた。
⑧ 全員がルールを把握することができた。自分が審判をするときにそれを発揮したい。
⑨ 協同学習はとても良いと思う。自分たちで考えるので楽しく全員参加の練習ができる。自分たちで授業を作っている気がする。
⑩ 固定した班を作ることで、ただ単にバレーボールをするのではなくて、

考えて楽しむ授業になっている。何より、授業に対する意欲が高まって良いと思う。
⑪　1週間のうちでみんなこの授業が一番好き。みんなこの時間のために1週間体調を整えてくるようになった。

6　協同学習の総括と今後の展望

　バレーボールの授業を総括すると、今後さらに検討をするべき点が見つかりました。たとえば、試合中のポジションや役割を初心者が理解できないほど専門化するチームがあった場合、それをある程度制限することも必要かもしれません。またいくつか反省点もあります。しかし受講生の感想を読むと、私が授業で学習してもらいたいと設定した内容は、思いのほか良く伝わっていて予想以上の手応えを感じることができました。

　この授業を担当するにあたって、私自身がバレーボールの競技経験と専門的な技術を持っていないことが、当初最も大きな困難と感じていました。しかしそのことで、新しい授業方法を模索し、協同学習の成果を実感し、かえって自分の授業の可能性を広げる機会を得ることができました。多くの良い学生に恵まれたことと、時間的制約の中でチームの全員が協力し合ってプレーするという、バレーボールの特性が協同学習にマッチしていたことも大きな理由だと思います。

　もちろん教員に専門的な技術や経験が備わっていた方が、受講生により良い実技指導をすることができることは、疑う余地がありません。その上でこの授業を総括して再確認できたことは、体育実技授業で扱う運動技術や練習のコツ、そして生活に運動を取り入れる意識や人間関係のスキルなどは、受講生自身の主体的な試行錯誤によって最も良く学習されると思われる点です。その学習においては、受講生の数が多くなればなるほど、教員自身の持つ実技能力のウェイトは、受講生同士が触発し合うようにテーマを提示し環境を整備する役割に比べて、相対的に小さくなっていくのではないかと感じてい

ます。その意味で協同学習は、体育実技の授業に素晴らしい可能性を持った授業方法であると思います。

　学期の終わりに近づいた頃、この授業の受講生の代表が私を招いて懇親会を開いてくれました。このような懇親会を、多人数のしかも選択科目の授業で私は過去に経験したことがありません。皆で、バレーボールが上手でない私を慰労してくれたのです。そして、来年度もぜひ私の授業を履修したいと決意してくれています。学習が効率的に進むだけでなく、受講生と教員の心が通う授業を作る上でも、協同学習の成果がありました。私が学生に一方的に何かを授けるという授業形態では、想像できないことでした。受講生が主体的に意欲を持って授業に取り組んだことが、受講生に共に授業を作る者としての自信と自覚を与えたようです。

　今後は、このバレーボール授業の成功を生かして、個人種目であるテニスやスキーの授業、さらには講義科目のスポーツ心理学など私の担当する他の授業にも、協同学習の考え方を取り入れる予定です。個人種目にバレーボールのようなチーム意識を育てることは、難しいかもしれません。また、机の移動ができない講義教室の授業で、協同学習を進めることに多少の困難も予想されます。実り多い協同学習をするために、今後も成功した授業手法を学び、創意工夫を重ねて行きたいと思っています。

■参考文献

Kagan, Spencer, *Cooperative Learning*, Resources for Teachers, Inc.: San Clemente, CA, 1994.

ジョンソン, D. W., ジョンソン, R. T. & スミス, K. A., *Active Learning : Cooperation in the college Classroom*. Interaction Book Company ; Edina, MN 1991.『学生参加型の大学授業』関田一彦・川村統俊・黒田経子訳, 玉川大学出版部, 2001年．

III章
対話による学習モデル
―― LTD 話し合い学習法

LTD 話し合い学習法

1　LTD 話し合い学習法とは

　本章で紹介する LTD 話し合い学習法はアメリカの社会心理学者ヒル（Hill, William F.）博士が 1962 年に提唱したものです[1]。LTD とは Learning Through Discussion の略語で「対話による学習」という意味があります。話し合いを取り入れた他の学習法と区別するために、頭に LTD を付けて、LTD 話し合い学習法と呼んでいます。単に、LTD 学習法とか、LTD と呼ぶこともあります。

　LTD では学習教材として読書課題を用います。教材の領域や形式は問いません。あらゆる分野の論文、論説文、評論、新聞や雑誌の記事、本の 1 章などを教材として利用できます。

　採用された教材を学習者一人ひとりが正しく、そして深く理解することが、LTD 学習法の最終目標となります。教材の理解を深めるために、対話を重視した学習法はいくつか提唱されていますが、なかでも LTD は理想的で実践的な学習モデルと言えます。

2　LTD の構成と効果

　話し合い学習法というネーミングから、LTD は話し合いだけの学習法と考えられがちです。確かに、話し合いをとても重視しますが、それと同じほど、話し合い学習法の準備・予習の大切さも強調します。予習で教材の理解が進んでおれば、仲間との話し合いがいっそう深まります。LTD を一度体験すれば分かるように、予習の質がミーティングの質を決定します。

　学習の形態から言えば、予習は個別学習であり、ミーティングは協同学習です。形態の違う二つの学習法、つまり予習とミーティングを含んで初めて LTD と言えます。予習なしのミーティングは話し合い学習法の一種かもしれませんが、決して LTD 話し合い学習法ではありません。

　LTD の予習はミーティングを強く意識した個別学習であり、学習目標から判断すると協同学習の範疇に入れるのが適切である、と判断しています。確かに予習は 1 人で行いますが、より効果的なミーティングを目指した予習であり、自分と仲間の理解を深めるための事前準備です。自他の理解を促進することを目的とした予習は「協同」の精神に裏打ちされた学習活動と言えます。

$$\text{LTD 学習法} \;=\; \underset{\text{(個別学習)}}{\text{予　習}} \;\times\; \underset{\text{(協同学習)}}{\text{ミーティング}}$$

　LTD の効果は予習とミーティングの相乗効果として現れます。LTD の本来的な目的は教材の理解にありますが、その理解過程に付随したいろいろな効果も期待されます。次に主な効果をあげておきます。

❶ 論理的・批判的思考スキルの改善
❷ 言語スキルやコミュニケーション・スキルの向上
❸ 話し合いに対するイメージの変化

❹ 個人的満足と学習意欲の向上
❺ 学習スタイル（学習法）と説明スタイル（教授法）の変化
❻ 対人関係スキルの発達と仲間意識の向上

3　LTD過程プランに基づくミーティングの方法

　LTDの基本原理は次ページの表3-1に示したLTD過程プランに凝縮されています。過程プランは8ステップからなり、ステップごとに話し合いの目的と方法が細かく決められています。また、各ステップの時間も決められており、1回のミーティングは60分で終わるように計画されています。この話し合いの枠組みと手順によって、効率的で効果的なミーティングが実現します。学習仲間全員が過程プランの意味を十二分に理解し、共通のイメージをもつことが、LTDによって学習を深めるための前提となります。

　ミーティングだけでなく予習のときも過程プランに従います。予習では各ステップの時間制限はありません。過程プランに沿って真剣に予習しますと予想以上に時間がかかります。しかし、過程プランに従った予習は、ステップごとの目標と方法が明確で、一つずつステップをこなしていく達成感もあるせいか、ついつい時間を忘れてしまうこともあるようです。予習で徹夜したという学生もしばしば現れます。全体的に見て、多くの学生がLTDの方法に好意を示してくれます。

　さて、過程プランで求められる具体的な学習活動を、ミーティング場面を手がかりに説明しましょう。ステップごとに割り振られた話し合いの時間も含めて、各ステップでの注意事項を守り、各ステップで求められている話し合いに積極的に参加することによって、LTD本来の学習効果が期待できます。なお、紙面の都合上、予習の仕方もあわせて説明することにします。過程プランに沿って予習を行う場合、St.2からSt.7までの手続きに沿って予習ノートを作成します（St.はステップの略語です）。ミーティングでは、予習ノートを手がかりとしながら、仲間と話し合い、教材の理解を深めていきま

表3-1　LTD話し合い学習法の過程プラン：
　　　　ミーティングの進め方

ステップ	ステップの活動内容	配分時間
St.1　導　入	状態の確認	3分
St.2　語いの理解	語いの定義と説明	3分
St.3　主張の理解	著者の全体的な主張の討論	6分
St.4　話題の理解	話題の選定と討論	12分
St.5　知識の統合	他の知識との関連づけ	15分
St.6　知識の適用	自己との関連づけ	12分
St.7　課題の評価	著者の主張の評価	3分
St.8　集団の評価	ミーティングの評価	6分
	ミーティング全体の時間	約60分

注）配分時間は各ステップを遂行する際の目安となる時間である。

St.1：導　入

(1) 目　的

参加者の意識をミーティングへ切り替え、同時に参加者の心身の状態を把握することがSt.1の目的です。このステップには、日常生活から知的興奮に満ちたミーティングへの橋渡し的な役割があります。参加者一人ひとりがどのような状態でミーティングに参加しているかを知ることは、話し合いを展開するうえで必要なことです。

(2) 方　法

参加者は、気分や体調、予習の程度、ミーティングに対する意気込みなどを率直に述べます。

まったく予習していないという参加者は稀ですが、予習が不十分と感じている参加者は意外と多いものです。なかには最後のステップまで行き着かずSt.4までしか予習できていない、という参加者もいます。そんな参加者はSt.1で「予習が不十分である」ことを仲間に伝えます。

もちろん、予習が不十分であることを伝えたら免罪符をもらえるわけではありません。不幸にも予習はできていないが、ミーティングでは自分にできる最大限の努力を払い、ミーティングに貢献するという態度が必要です。したがって、St.2以降で、予習不足を口実に消極的な態度を取ってはいけません。ミーティングに参加している限り、予習が十分でないあなたも対等な学習仲間です。予習ができていなくても集団に対する貢献の方法はいくらでもあります。自分にできる貢献をしっかり考え、実践することが大切です。仲間が話す内容をしっかり聞き、疑問点があれば問いただしてみることも立

派な貢献となります。

　どんな状態で参加したとしても、参加者一人ひとりは掛け替えのない学習仲間であるということを自覚してもらいたいと思います。

St. 2：語いの理解
(1) 目　的
　予習で調べた単語を、仲間と話し合ってより深く理解し、教材の著者が用いている単語の意味を正しく理解することが St. 2 の目的です。言葉の意味や概念定義に対して敏感になることが、自分の言葉で考える基本となります。
(2) 方　法
　教材を予習する際に、意味の分からなかった単語や、気になった言葉を辞書や辞典で調べて、予習ノートにまとめます。詳しい英語の単語帳といったイメージでノートを作ると良いでしょう。でも、調べていくと思いも寄らない意味の広がりを知り、ノート作りも単語帳のイメージをはるかに越えた作業になります。真剣に予習に取り組んだ参加者のノートを見ますと、St. 2 の単語調べが実に充実しています。

　ミーティングでは、予習ノートを手がかりに、調べた単語を出し合って、単語本来の意味と、著者が教材で用いている意味を正しく理解します。たとえば、同じ単語を調べても、辞書によって説明の仕方が微妙に異なることがあります。この意味の微妙な違いやズレにとくに注意しながら話し合うことが大切です。

St. 3：主張の理解
(1) 目　的
　話し合いを通して、著者が本当に伝えたい内容に限りなく近づき、著者の主張をより深く理解することが St.3 の目的です。
(2) 方　法
　予習で著者の主張を読みとり、自分の言葉で述べ直して、予習ノートにま

とめておきます。ミーティングでは、その予習ノートを手がかりに、著者の主張を自分の言葉で仲間に伝え、仲間がまとめた内容と比較して、そこにあるズレを手がかりに、より深い理解を求めて話し合います。

ただし、自分の言葉で著者の主張をまとめることは、自分の意見を述べることとは違います。この点はとくに注意してください。この段階では決して個人の意見や教材に対する感想や批判を述べてはいけません。

(3) 注　意

著者が本当に伝えたかった主張を「ありのままに」受容する、という態度が大切です。書かれている内容が社会的常識からかけ離れていても、反社会的内容であっても、嫌悪感を抱いたり、批判したりすることなく、あくまでも著者の主張を受容することが、St. 3 の目的です。

人は一般的に、自分と異なる意見に出会うと、その主張を批判し、否定しようとします。それだけに、自分の意見や主張はひとまず横に置いて、著者の意見や主張を受容することは心理的負担がとても大きい活動と言えます。しかし、著者の主張をまず受容しなければ、著者の真意を酌み取れません。著者の主張を受容することは、以後の話し合いの基礎となります。

St.4：話題の理解

(1) 目　的

著者は、自分の主張を正確に伝えるために、文書のなかにいくつかの話題を含めるのが一般的です。著者が言及した話題は、著者の主張と密接に関係しており、その話題を正確に理解することは主張全体の理解につながります。St. 4 では教材に含まれるいくつかの話題を選択し、話し合いを通して各話題を正確に理解することが目的です。

(2) 方　法

教材に含まれている話題を探し、話題ごとに著者が伝えたかった内容を St. 3 と同じように自分の言葉で予習ノートにまとめておきます。すべての話題は著者の主張と関係しているはずです。そこで、著者の主張と最も深く

関係している話題、つまり著者の主張を最も支持している話題から順番にまとめておくと良いでしょう。

ミーティングでは、すべての話題を話し合う時間がありませんので、まず、著者の主張を最もよく支持していると思われる話題を二つか三つ選びます。次に、選んだ話題すべてを St.4 で話し合います。St.4 の時間は 12 分間です。選択した話題が二つだと 6 分ずつ、三つだと 4 分ずつになります。もちろん、話題によって話し合いの時間を変えても構いません。いずれにせよ、最初に選んだ話題を、最初に予定した時間、必ず話し合うことが大切です。

(3) 注　意

話し合いの方法は St.3 と同じです。ここでも、書かれている内容をより正確に理解することが目的であり、参加者の個人的な意見や感想、批判を述べるステップではありません。参加者全員がこの点を明確に意識しておくことが重要です。

St.5：知識の統合

(1) 目　的

St.4 までで学んだ内容を、すでに持っている知識や情報と関連づけ、教材の理解をさらに深め、記憶を促進することが St.5 の目的です。

(2) 方　法

予習では、St.4 までに理解した教材の主張や話題の内容を、すでに知っている知識や情報と関連づけ、予習ノートにまとめておきます。

既知の知識や情報とは、著者の主張や話題の内容を自分の言葉でまとめるという作業を通して思い出した内容やふと気づいた事柄です。既知の知識や情報はどんな内容でも構いません。一見して、教材とはまったく関係ない内容や事柄でも構いません。できるだけ多種多様な知識や情報と結びつけることがポイントです。

次に、既知の知識や情報がどのように関連しているのかを予習ノートにまとめます。どうして、その知識や情報を思い出したのでしょうか。その理由

を書くのが関連づけです。もしかしたら、思い出した知識が著者の主張と似ていたのかもしれません。逆に、まったく反対の内容だったのかもしれません。また、著者の主張を聞いて、いままで曖昧だった点が明確になったり、明確だったものが曖昧になったのかもしれません。いずれにしろ、思い出した理由を考えてください。

　ミーティングでは、その関連づけを紹介し合い、関連づけの適切さや妥当性を話し合います。また、仲間の関連づけを聞き、理解が深まった点や、かえって曖昧になった点などを出し合って、話し合いを展開します。予習ノートにまとめていなくても、話し合いの途中で気づいた関連づけを紹介し合うことも構いません。

St. 6：知識の自己への適用
(1) 目　的

　大学での学習内容が自分の日常生活で活用できれば、学習に対する動機づけは高くなります。St. 6 では、教材で学んだ著者の主張や話題の内容を、自分自身と関連づけ、生きるための力、すなわち「知恵」と創り変え、その知恵を参加者と共有します。

(2) 方　法

　教材の主張や話題の内容を深く読み進めるなかで、自分自身のことで思い当たることや考えたこと、教材を学ぶなかで生じた自分の心の変化を予習ノートにまとめます。たとえば、教材を手がかりに、過去と現在の自分の生活態度や行動、考え方などを振り返り、感じたこと、思ったこと、反省したことなどをまとめます。また、新しい知識や考えかたを知って、将来の自分について考えたことや、新たに決心したことなどをまとめても構いません。

　ミーティングでは、予習ノートや St.5 までの話し合いを手がかりに、自分自身と関連づけた内容を出し合います。そして仲間による関連づけを聞き、感じたことを率直に語り、お互いの関連づけの内容を共有します。

(3) 注　意

　St. 5 と St. 6 の関連づけを正しく区別してください。同じ関連づけでも St. 6 の「自己との関連づけ」は、教材を学んで変化した自分の心の世界を中心に取り上げます。自分の心の変化は自分にしか分かりません。教材との関係で生じた自分の心の変化を紹介し、仲間と共有するのが St. 6 の目的です。それに対して、St. 5 の「知識との関連づけ」は、多くの参加者が知っている内容と関連づけます。St. 5 と St. 6 は混同されがちですが、両者を明確に区別できるようにしてください。

St. 7：課題の評価

(1) 目　的

　St. 7 の目的は、話し合った教材に対して批判的かつ建設的な評価を行うことです。

(2) 方　法

　予習ノートや話し合いを手がかりに教材のよい点や悪い点を話し合います。単に批判するだけではなく、その教材をより良くするための提案を積極的に行います。「教材をさらに良くするために、自分だったらこの教材をどのように書き換えるか」といった視点が大切です。教材の評価を行う St. 7 に割り振られた時間は 3 分間と短いので、本質的で的確な評価をあらかじめ考えておくことが大切です。

(3) 注　意

　St. 4 までは教材に書かれている内容をできるだけ正確に読みとることが目的でした。また、St. 5 と St. 6 は教材で学んだ内容を既知の知識や自己と関連づけ、理解の幅を広げることが目的でした。St. 6 までの各ステップは、目的と方法は違っていますが、教材に対する評価を厳しく禁じている点は共通しています。St. 7 で初めて教材に対する評価が許されます。

St. 8：ミーティングの評価

(1) 目　的

仲間との話し合いを通して課題の理解を深めようとするLTDにとって、ミーティングの質が学びの質に強く影響します。「望ましい学習集団」を創るために、ミーティング内容を振り返り、改善が必要と思われる点を出し合って話し合うのが、St. 8の目的です。

(2) 方　法

ミーティング中に気になった発言や行為をチェックしておきます。むろん、他人の発言や行為だけでなく、自分の発言や行為もチェックしておきます。チェックする行為は、悪い行為ばかりでなく、良い行為も含めます。集団に関わる問題であれば、必要に応じて個人的な問題点も指摘すべきです。

St. 8では、ミーティング中にチェックした点を、事実を中心に率直に述べます。理由を詳しく述べる必要はありません。多くの場合、指摘されただけで相手はその内容を理解できます。理解が得られない場合は、共通理解に達するまで話し合います。指摘した者の誤解ということもあります。誤解はその場で解消することが重要です。

集団内で生じた問題は集団内で解決し、集団の外では決して話さない、というルールを是非守ってください。このルールが破られますと、集団の人間関係が崩れ、学習集団にとっては致命的な結果となります。

いい加減な評価しか行えないグループは、表面的な付き合いに終わり、ミーティングや仲間に対する魅力が低下し、話し合いの内容も低調になります。仲間の知的な側面や態度的な側面を評価することは、参加者にとって辛いことかもしれません。しかし、あくまでも望ましい学習集団を創るためであり、個人を攻撃するためではないことを正しく理解し、真摯な気持ちで評価することが大切です。

以上の過程プラン8ステップの説明からも想像されるように、LTD話し合い学習法は学習教材の正確な理解を強調し、学習者一人ひとりを尊重し、

大切にする学習法だといえます。

4　過程プランの理論的背景

　過程プランはブルーム（Bloom）の教育理論[2]の考え方に基づいています。ブルームは効果的な学習に含まれる認知活動を分類し、そこに一定の体系（タキソノミー）があることを見いだしました。彼によれば、効果的な学習には①知識、②理解、③適用、④分析、⑤統合、⑥評価の六つの活動が含まれており、この順番にそって学習を進めることにより、効果的な学習が期待できると述べています。過程プランが8ステップに区切られていることは、ブルームのタキソノミーの考えを反映しています。

　過程プラン8ステップのうち、前半の4ステップを低次の学習、後半4ステップを高次の学習と呼んで区別することがあります。低次の学習とは、何か一つの答えにたどり着くことが目的の学習です。St. 3やSt. 4に代表されるように、これらのステップでは教材の主張や話題の内容を正しく理解することが目的でした。著者の主張に限りなく近づくことが学習の目的であり、収束的な学習と言えます。

　一方、後半の4ステップは前半の4ステップを通して把握した著者の主張や話題の内容を、さらに深く理解することが目的です。前半4ステップの学習成果を基礎としているので高次の学習と呼ばれます。高次の学習の代表はSt. 5とSt. 6です。これらのステップでは著者の主張や話題の内容を既知の知識や自己と関連づけました。この関連づけには一つの正解があるわけではなく多種多様な関連づけができます。したがって、収束的な学習に対して拡散的な学習と呼ばれます。

　高次の学習や拡散的な学習が低次の学習や収束的な学習に比べて優れているわけではありません。低次の学習が基礎となり、高次の学習が可能となります。収束的な学習がしっかりできて初めて拡散的な学習が可能となります。逆に言えば、低次の学習すなわち収束的な学習がしっかりできていないと、

高次の学習つまり拡散的な学習がうまくいきません。

　過程プランを支える理論的背景を知れば、ステップごとの意味と、ステップ相互の関連性が明確になり、過程プランの応用範囲も広がります。

実践事例◉──討論で深める授業

　LTD話し合い学習法を用いた授業が大学や専門学校を中心に実践されています[3]。これまではLTDに関心をもっていただいた先生方がご自分の授業にLTDを導入するということが大半でした。しかし、LTDの理念と方法が理解されるにつれ、学部をあげてLTDを採用するという大学や専門学校もでてきました。多くの場合、新入生を対象とした基礎教育の一環としてLTDを採用する事例が多いようです。

　ここでは理論編で紹介したLTDの基本原理を実際の授業に導入する方法を紹介します。これまでの実践経験を手がかりに具体的な事例も交えながら提案しますが、LTDを教育の実践場面に活用する方法は、ここで紹介する例にとどまらず、それぞれのおかれた状況を考慮しながら修正すべきだと考えます。LTD過程プランに基づく方法論は普遍性が高く、工夫次第で応用の範囲はいくらでも拡がります。

　授業の話となりますと、どうしても教員の視点を意識した記述が多くなります。しかし、学生の皆さんも、ここで述べる内容を理解しておくことは大切だと思います。授業は、教員が最も良いと考えた内容を、教員が最も得意とする方法で行っても、必ずしも上手くいきません。その授業内容をなぜ学ぶ必要があるのか、その方法がなぜ有効なのか、学生と教員が十分話し合って共通認識をえる必要があります。

　LTDを授業に導入する意味と目的を学生が理解しますと、LTDや授業に対する学生の姿勢が変化し、動機づけが高まり、学習効果もあがります。授業の主体者はあくまでも学生です。その主体者である学生の皆さんが自分の

受ける授業に積極的に関わるためにも、ここでの記述をぜひ教員と共有してほしいと思います。

1　授業設定

(1) LTD を導入する授業科目

　大学はさまざまな科目を開講しており、どのような科目に LTD が適しているのかという疑問がわきます。LTD の基本である過程プランは知識の習得と理解を目指した学習モデルであり、大学で開講されている多くの科目に適用可能です。

　むろん LTD は万能ではありません。LTD の特性を十分理解していただき、授業の目的を考慮して、どの学年のどの科目で LTD を導入するのが最も効果的かを判断して頂きたいと思います。たとえば、LTD では教材として読書課題を用いますので、課題内容を理解できるだけの基礎知識がなければ LTD を用いることは難しくなります。基礎知識の理解と記憶を主とした科目に LTD を用いることも可能でしょうが、基礎知識を応用し、展開することを目的とした科目において LTD の効果はより明確になると思います。

(2) LTD の導入時期

　LTD を大学教育に導入する時期は早いほど望ましいと思います。できれば大学1年生の4月から開講する授業で LTD を導入することをお勧めします。学生の動機づけの観点からしても、前学期が望ましいと考えます。入学直後というものは一定の不安と緊張感があります。同時に新しい世界へ第一歩を踏み出す期待感もあります。多くの新入生は大学という新しい世界に目を見開いており、この時期の体験は印象深いものになります。

　新入生は大学での学習法に少なからず不安をもっています。大学での学び方は、新入生のみならずすでに大学で学んでいる多くの学生にとっても、実は明確に答えられない厄介な問題ではないでしょうか。その不安を解消する

表3-2　LTD話し合い学習法を導入した授業計画の例

授業段階	回数	授業の内容
導入段階	1	導入1
	2	導入2・調査1回目
解説段階	3	LTDの解説1
	4	LTDの解説2・グループ作り
実施段階	5	LTD練習（G1）
	6	LTD練習（G2）
	7	LTD1回目（G1、G2）
	8	LTD2回目（G1、G2）
	9	LTD3回目（G1、G2）
	10	LTD4回目（G1、G2）
まとめ段階	11	まとめ1・調査2回目
	12	まとめ2

注1）括弧内のG1、G2はミーティングを行ったグループを表す。
注2）調査はLTDの授業評価にも使える。

ためにも、一つのモデルとしてLTDを知ってもらうことは学生にとって大きなメリットになると思います。

入学後の早い段階で過程プランに基づく学習法を習得しておれば、その後の大学における学習や授業に取り組む学生の姿勢が変わってきます。最近、コミュニケーション能力やディスカッション能力の必要性がますます強調されています。大学でもこのような能力を育てる目的から、授業のなかに話し合いの要素を積極的に導入しようとする傾向が高まっています。LTDを経験して話し合いの基本を理解しておくと、そのような授業の効果はさらに高まると考えられます。たとえ話し合いをやっていない授業でも、LTDの過程プランに基づく学習法を身に付けておれば、その授業で用いるテキストや資料の読み方が変わります。ポイントの捉え方が的確になります。応用範囲の広いLTD学習法を大学教育の早い段階で導入することをお勧めします。

(3) **授業計画**

さて、LTDを導入する授業科目と時期が決まったら、授業計画を練る必要があります。それぞれの授業科目には具体的な教育目標があります。その目標を実現するためにLTDという新しい学習法を導入します。したがって、LTDをまったく初めて導入する場合、授業計画のなかにLTDを理解、習得させることを目的とした段階と、LTDという学習法を用いて授業本来の目標を達成するための段階を区別して設ける必要がでてきます。

授業計画の一例を表3-2に示します。この計画では週1回90分、計12回

の授業にLTDを導入することを前提としています。表3-2から分かるように、全体は導入、解説、実施、そして最後にまとめの段階から成っています。このすべての段階がLTDの理解と習得に関わっています。一方、LTDを用いて授業目標を達成するための中心的な段階が実施の段階です。

各段階に授業回数を割り振っていますが、これは厳密なものではありません。受講生の動機づけと理解度に応じて柔軟に変更すべきものです。たとえば、導入段階には2校時をあてています。しかし、授業やLTDに対する動機づけの高い受講生が対象であれば、できるだけ早く解説段階に進む方が、受講生の動機づけを維持するためにも効果的です。逆に、受講生の動機づけが低ければ、導入段階の時間数を増やすことも必要です。いずれにしろ、受講生の動機づけの高さを手がかりに導入段階に費やす時間を変えるべきです。

2 教材の選択と配列

LTDを導入した授業で学生が何を学ぶかは、教員が何を教材として採用し、どの順序で学生に提示するかによって決まります。教員が一方的に話す講義と違い、教員は教材の選定と配列を通して授業目標の達成を図ることになります。それだけに、教材の選定と配列は、教員にとって大切な作業となります。

LTDで用いられる教材は分野や領域の制限はありません。担当教員の専門性や授業の教育目標に従って教材となる資料を選択できます。また、資料の形式も多岐にわたり、論文、評論、論説、随筆、ときには新聞記事も教材として使えます。ただ、著者の主張が明確な資料ほど教材に適しています。逆に言えば著者の主張が見えない資料はあまり望ましくないようです。以前、大学生向けの心理学のテキストを教材として用いたことがあります。毎週テキストの1章分を課題としてLTDを実践しました。この授業に参加した学生たちに多かったコメントは、「テキストの隅々まで、これほどしっかりと読んだことはなかったが、あまり面白くなかった。なぜかと言えば、誰が書

いても同じと思われる内容で、著者の主張が見えてこないから」という内容でした。ここからも著者の主張が明確な資料が教材として望ましいといえます。

表 3-3 と表 3-4 に実践例をあげておきます。

表 3-3 は心理学を専攻したいと考えている文学部 1 年生を対象とした基礎教育のなかに LTD を導入した例です。この授業では LTD の習得を大きな教育目的としていました。

教材[4]の選択にあたっては、学生の興味関心、および初めて LTD を体験するという学生の心理的負担などを考慮して選択しました。練習試行では木村（1992）による「援助的コミュニケーション」を選択しました。この教材には、LTD の解説段階で強調する「積極的傾聴」や「ミラーリング技法」に関する記述もあり、LTD の実践とも関連が深く、初回の教材としては最適であると判断しました。その他の教材は、それまでに利用したことのある資料のなかから、話し合いが活発に展開した資料で、受講生の興味関心を惹くと思われるものを中心に選択しました。教材の配列には、さほど明確な意味はありませんでした。強いていえば、話し合いの盛り上がりを期待して秋山（1995）を初回の教材とし、少々抽象的な内容と思われる梶田（1996）を最後の教材としました。

表 3-4 には、3・4 年生を対象とする通年の選択専門科目「教育心理学特講」に LTD を導入した例をあげています。この授業は前年度に開講された「教育心理学」でとりあげた社会的学習理論をより深く理解するというものでした。具体的には社会的学習理論のなかでも中心的なトピックスである観察学習（モデリング）と自己効力感をターゲットとしました。

この授業に参加した受講生は、前年度に「教育心理学」の単位を取得しており、観察学習と自己効力感について、一定の基礎知識をもっていると判断できました。加えて、受講生はシラバスなどを通して、授業内容と LTD という新しい学習法を導入することを知ったうえで本授業を選択していたので、授業内容や LTD に対する動機づけは高いものと判断できました。

表 3-3　一学期間の授業計画と用いた読書課題（出典：安永・中山 2002）

授業回数	授業の内容	読書課題のタイトルと出典
1	導入・調査	
2	調査・LTD の解説	
3	LTD の解説・グループ作り	
4	LTD 練習	援助的コミュニケーション（木村, 1992）
5	LTD 練習	同上
6	LTD 1 回目	インフォームド・コンセント（秋山, 1995）
7	LTD 2 回目	いじめと思春期（高垣, 1995）
8	LTD 3 回目	現代のいじめは異質なのか（坂本, 1995）
9	LTD 4 回目	学ぶ力とは何か（梶田, 1996）
10	まとめ 1	
11	まとめ 2	

表 3-4　通年科目の授業計画と用いた読書課題（出典：安永 1999a）

学期	段階	授業 回数	授業 内容	読書課題 タイトル	出典	頁
前学期	導入段階	1	導入・調査 1 回目			
	解説段階	2	LTD の解説			
		3	LTD の解説・グループ作り			
	実施段階	4	LTD 練習	モデリングの理論	B	14—23
		5	LTD 練習	同上		
		6	LTD 1 回目	観察学習	B	87—102
		7	LTD 2 回目	よい子・わるい子	A	21—37
		8	LTD 3 回目	攻撃性の引き金	A	121—136
		9	LTD 4 回目	がまんと誘惑	A	137—149
		10	LTD 5 回目	恐怖心の誕生	A	197—214
		11	LTD 6 回目	ことばの教室	A	215—234
	まとめ段階	12	まとめ：調査 2 回目			
（夏期休暇）						
後学期	解説段階	13	LTD と読書課題の解説			
	実施段階	14	LTD 7 回目	自己効力の理論	B	35—45
		15	LTD 8 回目	自己効力の探求	B	103—115
		16	LTD 9 回目	自己効力の探求	B	115—125
		17	LTD10 回目	自己効力の探求	B	125—141
		18	LTD11 回目	特性的自己効力	C	306—314
	まとめ段階	19	まとめ：調査 3 回目			

注 1）後学期は LTD に関係する授業のみをあげた。
注 2）出典の記号、A＝祐宗（1983）、B＝祐宗ら（1985）、C＝成田ら（1995）。

これらの背景を考慮して、社会的学習理論に関係する専門図書や論文から、観察学習に関する教材として祐宗（1983）を選定しました。この書物は観察学習の研究で扱われている13のテーマを、具体的な研究事例を示しながら分かりやすく解説したものでした。そのなかから受講生の希望も取り入れて五つのテーマを教材として選択しました。また、祐宗ら（1985）のなかから、観察学習を概観することを主な目的として、二つの資料を教材として採用しました。

　自己効力感に関しては祐宗ら（1985）を採用することにしました。この書物は社会的学習理論の提唱者であるバンデューラ教授が日本で行った講演記録をまとめたものであり、その前段として日本人の研究者による重要概念の簡潔な解説が収録されていました。また、自己効力感に関する学術論文（成田ら 1995）も教材として採用しました。選択された課題から判断して、自己効力感に関する教材は専門性の高いものとなりました。

　教材をいつ決定するかという問題もあります。一般的には、授業開始前に決めておきます。しかし、表3-4に示した実践例のように、前・後学期にまたがる長期間の授業では、学生の変化・成長に応じて教材を変更することは教育効果を高めるためにも必要な作業です。たとえば、表3-4に示した成田ら（1995）を教材とすることは、4月の段階や後学期が始まる前には考えていませんでした。後学期の後半になって、それまでのミーティング内容や、受講生たちの理解度から判断して、学術論文を教材としても十分理解を深めることができると判断しました。そこで教員の側からこの課題を提案して学生と話し合いました。その結果、チャレンジしてみたいという学生たちの意志が確認できたので教材として採用しました。

　表3-4に示した課題の配列は、まず、教材内容の難しさから判断して、観察学習に関する教材を前学期に採用し、困難度が相対的に高いと思われる自己効力感に関する教材を後学期に採用することにしました。また、観察学習に関しても、自己効力感に関しても、その研究テーマの全体像を把握しやすい解説文を、それぞれのテーマの最初の教材としました。テーマについて簡

潔にまとめられた解説文を初めに学ぶことにより、その後の学習にとって関連づけの対象ともなり、効果的に働くと判断しました。

3　LTD授業のための準備

　上述の学習教材以外に、実際にLTDを用いて授業を行うために準備した補助教材は次の通りです。そこには、LTD話し合い学習法の説明資料、ミーティング内容を把握する記録紙、個人差を測定する質問紙などが含まれています。このなかで外すことができないのはLTDの説明資料です。LTDをすでに知っている受講生であれば、説明資料も必要ないでしょう。それ以外の補助教材は授業をより効果的にするための小道具です。必要と思われるものを取捨選択されて構いませんし、授業にあわせて工夫されると良いでしょう。

　LTD授業の準備として忘れることができないのは教室の確保です。参加人数との関係もあります。そこで受講者数と教室の件も最後に触れます。

(1) LTDの説明資料

　LTD話し合い学習法に関する詳しい解説は、レイボーらによるテキスト[1]や実践研究の報告書[3]にあります。

　実際の授業では、これらの解説書や報告書は参考資料として使い、独自に作成したLTDの説明資料を用いています[5]。説明資料の内容は、前に紹介した過程プランによる予習とミーティングの方法、およびこの後で触れる話し合いに対する基本的な態度が中心です。実際に、LTDを導入する際には、すでにある説明資料を参考に、授業内容や受講者を考慮しながら使いやすい説明資料を工夫されることをお勧めします。

(2) 記録表とフィードバック用紙

　ミーティング中の活動内容を把握する目的で記録表を利用します。一度に

いくつかのグループが並行してミーティングを行いますと、1人の教員がすべてのグループの話し合いの内容を把握することができません。そこで付録1に示したような記録表を準備します。記録表は、ミーティングに対する準備状況や構えを捉える事前評価と、ミーティング全体の評価、参加者個人に関する貢献度評価、および意見感想欄からなる事後評価を含んでいます。

参加者が個別に記入する記録表のうち、事後評価での貢献度評価を、参加者一人ひとりにフィードバックするために、付録2に示す名刺大のフィードバック用紙を準備しています。この用紙には個人名を記入する場所と、その個人に対する貢献度評価を記入できる場所を設けています。利用法はあとで述べます。

(3) 個人差を測定する質問紙

グループはできるだけ異質なメンバーで構成することが望ましいと言われています。異質なグループを構成するために、性別や年齢、学年、専攻などを手がかりにすることもできます。また、これまでの研究の結果、参加者の話し合いに対する認識[6]や考えることを好む程度[7]、不確定な場面における対処法[8]も話し合いに強く影響することが知られています。

ここでは簡単に利用できる思考動機の尺度を付録3にあげておきます。この尺度は1因子で構成されており、付録の指示に従って個人得点を出して下さい。得られた得点が高いほど考えることを好むということになります。LTDは、全ての段階で参加者一人ひとりが自分の言葉で考えることを要求します。それだけに、思考動機の個人差はLTDに大きく影響するようです。

(4) 受講者数

受講者数は少ないことに越したことはありません。受講者数が増えると、グループ数が増え、グループ間の差が大きくなります。教員はできるだけ各グループの進行をモニターし、必要に応じて直接的・間接的に指導しなければなりません。それだけにグループが増えると教員の負担が大きくなります。

きめ細かい指導を行うのには少人数教育が良いに決まっています。

　ただし、工夫次第では100人程度の授業でも十分やれます。どんな授業でもそうですが、学生の動機づけが高ければ、基本的に人数は問題となりません。それだけに、後でも触れますが、LTDの授業では導入段階で、授業内容やLTDに対する学生の興味関心、やる気をできるだけ高めることがことのほか大切になります。

(5) **教室**

　さて、次に問題になるのが教室です。LTDではミーティングを行います。話し合いを行うのだから演習室のような机が固定していない教室でないとだめだろう、とお考えになるのはごく自然だと思います。もちろん、机を動かせる教室が準備できれば理想です。しかし、受講者数が少し増えると演習室は手狭になり、どうしても一般教室を使わざるを得なくなります。ミーティングの具体的な解説のなかで触れますが、ちょっとした工夫で、LTDミーティングは机の固定された一般教室でも十分に行えます。

　ここでは一般教室であれ、演習室であれ、話し合いに集中できる場所であれば、どんな教室でも構わない、極端なことを言えば教室でなくても構わない、という点を確認しておいて下さい。

4　導入段階

　以上で、LTDを導入する準備が整いました。これからは表3-2に示した段階別にLTDを用いた授業の方法と留意点を説明します。

　導入段階の目的は、授業に対する受講生の動機づけを高めることです。授業の目的と計画を受講生に伝え、LTD話し合い学習法という新しい学習法を導入することの意味を共に考え、受講生の納得と共感を得ます。とくに、LTDのように学生の負担が大きい学習法を導入する際、受講生をやる気にするのが成功の鍵です。

学生の理解が得られず、やる気も高まっていない状態でLTDの解説を始めても、期待するほどの手応えがありません。そんなときには導入段階に予定していた時間数を増やしてでも、学生との対話を深め、学生のやる気を引き出すことが大切です。表3-3と表3-4に示した授業計画で、導入段階のコマ数は学生の動機づけによって柔軟に変化させます。

新入生の動機づけを高める方法として、大学での学習法や現在社会が求めている人材や能力などを話題として、学生と一緒に考えることも効果的です。たとえば、高校時代までに学生が用いてきた記憶中心の学習法と大学で求められる学習法の違い、とくに大学では自分の言葉で考え、理解することが学習の中心となること、いまから学ぼうとしているLTDが理想的で実践的な学習法であることなどを話題にします。また、LTDを習得することのメリット、たとえば、これから大学での授業を受けていく際、いろいろな場面で活用できることを伝えてみることもよいでしょう。さらに、現在社会ではコミュニケーション能力やディスカッション能力がとても重視されており、その能力を伸ばすためにも、LTDは有効な方法であることなどについて、話し合うことも効果的でしょう。

どの時点でLTD話し合い学習法の解説に入ったらよいのかは、学生の雰囲気から容易に判断できると思います。学生との対話を重ねて、学生の動機づけが変化した時点でLTDの解説に入ると効果的です。

LTDの解説段階に移る前に、グループ編成を行うために必要な個人情報を収集する目的で、先に紹介した質問紙などを実施します。もちろん、調査の目的と、目的以外に個人情報を使用しないことを学生には明確に説明し、了解してもらう必要があります。

5　LTDの解説段階

LTD話し合い学習法の説明は2回目と3回目の授業が中心となります。準備した説明資料に基づき、予習とミーティングの方法を説明します。とく

に、過程プランの各ステップで求められている学習活動、各ステップで禁止されている活動、およびミーティングに臨む基本姿勢が中心になります。過程プランに基づく予習とミーティングの方法については紹介しましたので、ここではミーティングに臨む基本姿勢を中心に説明を行います。

(1) LTDミーティングへ臨む基本姿勢

　LTDの解説のなかでも最も強調するのが、「集団への貢献」という姿勢です。ここでいう集団への貢献とは、参加者一人ひとりが教材の理解を深めるために、今の自分にできることは何かを常に問い、グループにとって望ましい行為を率先して実行する、ということです。参加者には具体的な行為をあげて集団への貢献の意味を説明します。なかでも「傾聴」が誰にでもできる最も基本的な集団への貢献であることを知らせます。また、参加者一人ひとりが集団への貢献を心がけることにより、集団は望ましい学習集団へと変化することを理解させ、「集団への貢献」という言葉をLTDミーティングのスローガンとします。

　ミーティングが上手くいくかいかないかは参加者次第です。参加者がLTDミーティングに対して共通認識をもち、同じ態度で臨むのであれば、LTDミーティングに期待される効果が得られます。すべての参加者がミーティングで守るべき事柄、積極的に行うべき活動、行ってはならない活動を次に列挙しておきます。

❶ ミーティングは過程プランに従う

　過程プランに従うとは、各ステップで求められている活動を実行することであり、各ステップが求めていない行為をしないことです。過程プランを守らなければLTDではありません。効果も期待できません。もちろんミーティングでは過程プランに示された各ステップの時間も守ります。

❷ 参加者全員が対等な関係でミーティングに参加する

　全員がリーダーであり、全員がフォロアーであるという意識をもつのが重

要です。これはリーダーの役割を否定しているのではありません。リーダーの役割を固定せず、状況に応じて誰もがリーダーになったりフォロアーになることが重要である、ということを述べています。集団である限り、ミーティングを繰り返していると自然発生的にリーダーが出現するのは当然です。重要なことは、その場合でも参加者全員が対等であり、特定のメンバーに過度に依存しないという姿勢です。

また、グループを作ると司会者や記録係が必要と思っている人も少なくありません。しかし、LTDのミーティングではそのような係は不要です。グループを効率的に運営する場合、時として役割分担は重要な意味をもつこともありますが、参加者間の対等性が失われる可能性が高くなります。LTDミーティングにとっては不要です。

❸ **時間係はリーダーではない**

表3-1に示したように、実際のミーティングではステップごとにかなり細かい時間制限が設けられています。したがって時間の経過を管理する者を時間係としてミーティングごとに決める必要があります。時間係の役割は、他の参加者よりも時間経過に意識を払い、各ステップに割り当てられた時間が過ぎたことを他のメンバーに知らせることです。決して時間係が司会者でもリーダーでもありません。時間経過については他のメンバーも常に意識しておくことが重要です。

❹ **予習をしてミーティングに参加する**

予習はミーティング参加の前提条件です。すべては予習で決まります。予習の効果は絶大です。予習の重要性をいくら強調しても、初回のミーティングで準備不足を痛感し、予習不足を残念がる人が必ず出てきます。そうならないように、ぜひとも注意していただきたいと思います。

❺ **話し合いに積極的に参加する**

出席することと参加することは違います。ミーティングに出席したら、話し合いに積極的に参加します。1回のLTDミーティングは60分間であり、各ステップに時間が割り当てられています。短いステップは3分間で、長く

ても15分間です。その間、5、6人の参加者が一定の目的に従って話し合うことが求められます。したがって、ミーティング中は話し合いに集中しなければなりません。

❻ ミーティング中に教材を見ない

言い方を変えれば、話し合いに集中する、ということです。教材を見ていては話し合いに集中できません。むろん、話し合いの展開のなかで、ある事柄を確認するために教材を見る必要がでてきます。そんな場合は教材を見ても構いません。でも確認が終わったら、直ちに教材から離れ、仲間との話し合いに集中すべきです。いつまでも教材に固執したり、仲間の発言中に教材を見ることは、対話の拒否というメッセージを仲間に送ることになり、発言

●──教員は教壇を離れよう

大学の講義を活性化する一つの簡単で、きわめて効果的な方法は、教員が教壇を降りて、授業を聞いている学生たちのそばに立ち、講義をすることです。

学生との距離が近くなりますと、思ってもいなかった効用が現れます。まず、授業をしていて学生の表情がよく見えます。いわゆる机間巡視をしながら講義をする教員は少ないと見えて、最初のうちは教員が近づくと学生の顔に緊張が浮かぶのがよく見えます。私語をしていた学生たちも何事かと教員の動きに注目します。

もちろん、眠そうな学生がいれば、近くでやさしく声をかけてあげることもできます。携帯のメールも使いにくくなるでしょう。これだけでも教室の雰囲気は一変します。

それ以上に望ましいことは、学生と対話しながら授業ができることです。教壇の上から何メートルも何十メートルも離れた学生と対話しようと思っても無理な話です。学生のそばにいますと、説明が分からない、といった表情も容易にキャッチできます。

そんなときはいくら受講生が多くても、その学生に語りかけます。その学生と対話しながら講義を進めます。むろん、その他大勢の学生を無視するのではなく、彼らにも気を配りながら、その学生を多くの受講生の代表者と想定しながら対話を進めます。すると、受講生が100人いても200人いても、一人ひとりがしっかりと考えてくれるようです。

講義を改善する第一歩は、いろんな意味で教員が学生に歩み寄ることだと思います。

している仲間を無視することにつながります。

❼ **予習ノートを手がかりに話し合う**

ミーティングでは、教材ではなく、予習ノートを手がかりに話し合います。ただし、予習ノートを手がかりとすることと、予習ノートの内容を棒読みすることは違います。予習ノートを読むことも、ときには必要でしょうが、「読んで終わり」ではなく、その内容について話し合っている「いまここで」の意見や感覚に基づいて、予習ノートの内容を翻訳することが必要になります。というのも、予習ノートにまとめられた内容はすでに過去の理解であり、話し合いが展開している「いま」、参加者は新しい理解の局面にさしかかっているはずです。予習ノートを手がかりとしつつも、話し合いの途中で考え、感じたことも加味しながら「いま」の理解を話すことこそ、生きた対話と言えるでしょう。

❽ **ミーティングの途中で記録やノート作りをしない**

これもミーティングでの話し合いに集中するための工夫です。人が話している最中に、ノートの整理に精を出す人がいます。ノート作りをしている間は話し合いに参加できませんので止めるべきです。もちろん、短いメモを取ったり、必要事項をチェックすることは許されます。

どうしてもノートを作る必要があれば、ミーティングが終了した後に行います。とくにLTDミーティングの目的は教材の理解にあります。60分間という短い時間内は、話し合いに集中し、理解を深めることに専心します。そして話し合いが終了した後に振り返ってみて、必要事項をノートにまとめるといいでしょう。そこに記された内容がその人の理解であり、将来、必要なときにノートを読み返しても十分理解できるノートになっているはずです。

(2) **グループ編成**

LTDの解説が終わると、いよいよグループ分けになります。グループの人数は5、6人が最適です。基本は5人で、人数調整のために6人グループを作るとよいでしょう。4人グループにすると、多様な意見がでにくくなり、

1人でも欠席すると3人になってしまい、沈黙が多くなります。

　話し合いのグループはできるだけ違った背景をもつ学生を集めることがよいとされています。少なくとも、性別や出身、年齢、学年など、容易に判別できる手がかりを用いてグループ分けをすることが必要です。また、先に示した話し合いの認識や思考動機なども参考になります。

(3) ミーティング場面の設定

　グループ分けができると、実際のミーティング場面をどのように設定するかが問題となります。授業で使う教室が机の動かせる演習室形式の教室なのか、椅子が固定されている一般教室なのかによって、若干の工夫が必要になります。

　机が動かせる教室の場合、机を外して、椅子だけを使います。5、6脚の椅子を丸く並べて、5、6人が座れる広さを確保して下さい。参加者は車座のイメージで、できるだけ接近して座って下さい。図3-1には参加者を丸印で表し、上から見た様子を表しています。

　グループで話し合うとき、参加者が机の周りに座って話し合うのが一般的です。しかし、参加者の間に机が入るとそれだけ参加者同士の物理的距離が遠くなります。すると不思議なことに心理的距離も大きく感じられるようで、話し合いに悪い影響が出やすくなります。そこで、できるだけ参加者の心理的距離を小さくし、話し合いを活発にするために、図3-1に示した座り方を薦めています。膝をつき合わせて、額を寄せ合って話すことが、ミーティングを成功させるために重要なポイントの一つです。

　学生たちの座り方を見ていますと、ときどき、図3-1のEさんのようにほんのわずかですが、ほかのメン

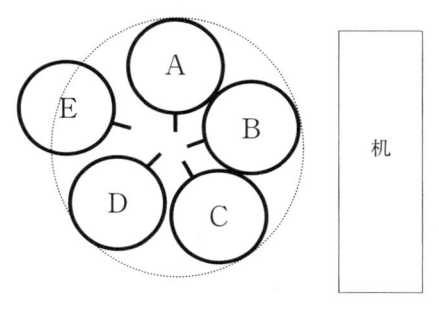

図3-1　LTDミーティングにおける参加者5人の配置

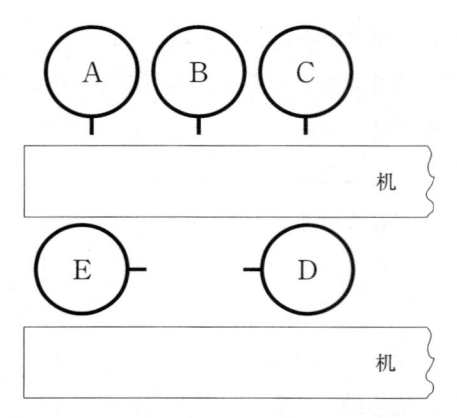

図3-2　机が固定した教室での参加者5人の配置

バーの円から外側にズレている人を見かけます。そんなときは少し近づくように指導するのがよいでしょう。このズレはたいしたズレでないようにも思えますが、他の4人の世界にのっていけないEさんの心が現れているかもしれません。

　机が固定された一般教室を使用しなければならない場合、図3-2に示したような座り方を工夫することも考えられます。図3-2では固定した机の前後6席のスペースを使い、後ろの席に3人、前の席に2人が座ります。前の2人は横向きになり、お互い見合う格好で座ります。こうすると後ろ3人の顔も比較的見やすくなります。階段教室の場合は、傾斜がそれほど大きくなければ、この方法が使えると思います。その際、背の高い人が前に座ると、後ろの人との目線のズレを小さくできます。

　グループごとの距離はできるだけ大きくなるようにグループの位置を工夫します。またメンバーができるだけ近寄って座ればお互いの話し言葉も明確に聞こえ、他のグループの声も気になる割合が減ります。

(4) ミラーリングを用いた集団作り

　LTDの解説が一通り終わった後にグループを発表し、集団づくりを行います。メンバーの親密度を高める方法はいろいろ開発されていますが、ここではディスカッションの基本スキルの一つであるミラーリング技法を用いた自己紹介を説明します。

　ミラーリングを用いた自己紹介の技法は次のような手続きを踏みます。まず、自己紹介の目的を伝えます。むろん参加者が親しくなることが目的ですが、より具体的に、自己紹介をしっかり聞いて、参加者全員の氏名を言え、

正しく書けるようになることが自己紹介の目的であると参加者に伝えます。参加者の名前を覚えてしまうことが目的ですから、メモすることは禁止します。ネームプレートも付けていれば外させます。

　自己紹介は誰から初めても構いませんが、いま図3-1のAさんから自己紹介を始めたとしますと、次の手順で行います。

① Aさんが1分から2分ほどで自己紹介を行います。参加者全員の名前を覚えることが最終目的ですから、名前に関する話題も含めるのが良いと思います。他の参加者はAさんの自己紹介を聴きます。単に聞くのではなく、一言も聞き逃さないという態度、すなわち積極的な傾聴が大切です。

② 自己紹介が終わったら、Aさんが参加者の中から1人を指名します。誰でも構いません。いま、AさんはDさんを指名したとします。

③ 指名されたDさんはAさんの自己紹介をできるだけ正確に述べ直します。Aさんは、Dさんの話す内容が正しいかどうかをチェックし、正しくなければそれをDさんに伝えます。Dさんはその指摘に従って言い直します。

④ DさんがAさんの自己紹介を正しく再現できたら、今度はDさんが自己紹介を始めます。ほかの参加者はDさんの自己紹介をしっかり聴きます。

⑤ Dさんの自己紹介が終わったら、すでに自己紹介が終わっているAさんも含めて、誰か1人を指名し、Dさんの自己紹介を再現してもらいます。同様の手続きで、すべての参加者が自己紹介を行います。

⑥ 全員の自己紹介が終わった後、参加者一人ひとりが参加者全員の姓と名を言えることを参加者同士で確かめます。

　もし、ある参加者の名前を言えなかったら、その相手に対して抱いた「申しわけない」という気持ちを十分に味わって下さい。名前を言ってもらえな

かった参加者はその寂しさを感じて下さい。二度と同じ気持ちにはなりたくないと思うはずです。名前を再度確認した後、しっかり話し合うことが名前を覚える最も有効な方法です。話す内容は何でも構いません。そこで話したことが手がかりとなり、自然と名前を覚えることができます。これも関連づけの効果です。

6　LTD実施段階

　表3-2に示したスケジュールでは6回のミーティングが可能ですが、導入段階とまとめ段階を考慮して、回数を柔軟に変更することができます。

　LTDの回数はグループの成長という観点から、またLTDに期待される効果を確実にするために、多いことに越したことはありません。初回は不安が大きいでしょうが、予習をしっかり行い、過程プランを守ってミーティングを一度でも体験すると、直感的にLTDの魅力が理解できるはずです。2回、3回と続けることで不安も低減し、LTDの楽しさを味わえるようになります。

　授業に参加している受講生全体がLTDミーティングに対して共通したイメージを作るために、LTDの練習試行を設けています。表3-2には二つのグループしか表記していませんが、LTD練習試行の1回目で、一つのグループにミーティングを行ってもらい、他のグループのメンバーはそれを観察するという方法を取り入れることもあります。初回は一つのグループにミーティングをやってもらうとだけ告げて、どのグループがミーティングを行うかは直前まで公表しません。こうするとすべてのグループが真剣に予習を行ってきます。ミーティング終了後、全員でミーティングの振り返りを行い、各ステップで行うべき方法に関して理解を深めます。2回目の練習試行では、全グループがミーティングを行っても構いませんし、1回目でミーティングを行ったメンバーが、今度は観察にまわっても構いません。

　このようにして、LTDミーティングに対する共通イメージが形成された後は、グループごとに準備された教材を用いてLTDミーティングを行いま

す。以下にLTDを導入した1回の授業（90分授業）の進め方を、学生の活動と教員の活動を分けて紹介します。なお、括弧内に示した時間経過は一つの目安です。

　もちろん、ミーティングに出席する前提は教材についての予習がしっかりできていることが必要です。教材は1週間前に渡されますので、予習には1週間をかけることができます。ミーティングの前日に予習を始めるのではなく、余裕をもって早くから予習をすることを勧めます。

　さて、いま授業開始のチャイムが鳴りました。すでに学生たちは教室に集まっているようです。

① ミーティング前（0分〜5分）

　学生：いつでもミーティングを始められるように、椅子を動かし、教材や予習ノート、過程プランを準備して待機します。この時間を使って、記録紙（付録1参照）の事前評価を行います。

　LTDの授業に慣れてくると、授業開始前に到着したメンバーが主体的に椅子を並べ、ほかのメンバーの到着を談笑しながら待つという光景がしばしば見られるようになります。

　教員：記録紙を配付し、必要に応じて短時間の指導を行います。内容としては、前回のミーティングに対するコメントや、ミーティング実施上の留意点や注意事項などです。

② ミーティング（6分〜65分）

　学生：グループごとに時間係を決めたのちに、参加者は過程プランを手元に置き、各ステップの内容や時間を確認しながら8ステップのミーティングを実行します。

　時間係は各ステップに割り当てられた時間が過ぎたら、他の参加者に知らせます。たとえそのステップの話し合いが終わっていなくても、時間が来たら次のステップに進むことがとりわけ重要です。LTDに慣れていないうちは、とくに時間を守ることが大切です。もちろん、時間が余ったからといって先に進むことも良くありません。

教員：ミーティング開始後、教員はミーティングの進行状況を観察します。LTDの過程プランに慣れていないときや教材の内容が難しいときなど、ミーティング中に沈黙が長く続くことがあります。その場合でも教員は直接干渉することはせず、グループのダイナミックスを重視し、変化が現れるのを見守る、という姿勢が大切です。

ミーティングへの直接的な介入は慎むべきだと考えています。ただ、次の行為は許されます。たとえば、グループの脇に立ち、話し合いの内容に耳を傾ける。そして時には発言内容に無言で肯く。教員の肯きはメンバーの発言を促進します。また、ミーティング中に気づいた事柄をミーティング終了後の指導に用いるために、キーワード風に板書しておきます。その内容はミーティングの進行や方法に関することが中心となります。たとえば、時間厳守、集団への貢献、参加、教材を見ない、などの板書が考えられます。これらの板書内容は進行中のグループに間接的なメッセージとして届きます。教材に関連する内容も必要であれば板書してよいと思いますが、話し合いの内容に影響しないように、板書内容や記述方法、タイミングなどに留意する必要があります。

ミーティングの終了時間が近づくと、教員はフィードバック用紙（付録2）、前回のミーティングで提出を求めた予習ノート、および次回のミーティングで用いる教材をグループごとに、各グループの側にあるテーブルの上に置きます。

③ **事後評価と貢献度評価のフィードバック**（66分～80分）

学生：ミーティング終了後、記録紙の事後評価を行います。貢献度評価では、一般的に他者を高く評価し、自己を低く評価する傾向が見られます。また、自分を除く参加者全員に対して同じ評価をつける傾向も見られます。貢献度評価は望ましい学習集団を作るためであり、次回のミーティングをさらに充実したものにするために行っていることを十分理解し、できるだけ客観的に評価するように注意することが必要です。

参加者全員が事後評価へ記入が終わった段階で、貢献度評価のフィード

バックを行います。参加者はフィードバック用紙を1枚ずつ受け取り、自分の名前を記入します。次に、自分の右隣にいる参加者に手元にあるフィードバック用紙を渡します。受け取った参加者は、フィードバック用紙に書かれている名前の参加者に対して事後評価で行った貢献度評価をフィードバック用紙に転記します。転記が終わったら、そのフィードバック用紙を右隣の参加者に渡します。以下、同様の手続きを繰り返すことにより、フィードバック用紙が参加者を一巡して、自分の名前が書かれたフィードバック用紙が各参加者の手元に戻ってきます。戻ってきたフィードバック用紙の内容により、参加者はミーティングに対する自分の貢献度を仲間がどれほど高く評価していたか（他者評価）を知ることができます。

④ ミーティング後の指導（81分から90分）

教員：貢献度評価のフィードバックが終了した後、残された授業時間を用いて、指導者はミーティング中に板書した内容などを手がかりに、ミーティングに関する注意や教材の内容に関するコメントを行います。

最後に、返却した前回分の予習ノートと次回の教材を確認させ、今回の記録表と予習ノートを提出させ、授業を終了します。

7　まとめ段階

表3-2に示したように、最後の2コマを使って、授業のまとめを行います。授業のまとめとして二つの点が考えられます。一つはLTDに関するまとめであり、もう一つは教材を通して学んだ内容についてです。

教材を通して学んだ内容に関しては、学生が提出したノートや記録紙を手がかりに、学生の理解水準を教員が捉え、それに従って、指導を行うということになります。学生同士の話し合いでは、時として間違った理解や偏った理解が生じている可能性があります。それらを修正しながら、教材を通して学んだ内容を授業目標の観点からまとめ直し、学生たちの理解の定着を図ります。

LTDに関しては、ミーティングを体験したうえで、再度LTDの理念や過程プランの意味を振り返り、一つの有効な学習法としての認識を新たにします。また、今後の大学生活においてLTDをどのように活用できるか、学生とアイディアを出し合いながら話し合うこともできます。たとえば、LTDミーティング以外の話し合いはもちろんのこと、授業の聞き方やレポートの書き方、さらには日常のコミュニケーションなど、あらゆる場面で用いられている言語技術とLTD話し合い学習法との関連性を探り、応用範囲を広げることも面白いでしょう。

8 おわりに

人間が素晴らしいのは、日々の生活を振り返り、より豊かな生活を目指して工夫を重ねる力をもっている点にあると思います。生活を豊かにする工夫は多くの人々に受け入れられ、生きるための知恵として社会に定着します。これは文化の創造と言えるでしょう。

本章で紹介したLTD話し合い学習法も、先人が創り出した貴重な文化です。LTDを一度体験すると、「学び」に対するあなたの考え方が確実に変わるはずです。きっと学ぶことの楽しさ、面白さ、そして喜びを知るはずです。共に学ぶ仲間の素晴らしさを知り、新しい自分に出会え、仲間の変化と自分の変化に驚くに違いありません。そんな興奮に満ちた学びの世界を、あなたにも一緒に体験してほしいと思います。

■注
1) Rabow, J., Charness, M. A., Kipperman, J. & Radcliffe-Vasile, S., *Willam F. Hill's Learning through Discussion*, California : Sage, 1994. 丸野俊一・安永悟共訳『討論で学習を深めるには―LTD話し合い学習法』ナカニシヤ出版, 1996年.
2) 梶田叡一「学校学習とブルーム理論」『教育における評価の理論Ⅱ』金子書房, 1994年.
3) LTDの実践報告
藤田敦・藤田文・安永悟「LTD話し合い学習法の短期大学『基礎ゼミ』授業への適用」『大分大学教育福祉科学部附属教育実践研究指導センター紀要』18, 2001年, 37～

50頁.

　古賀クミ子・寺門とも子・古賀節子・松永由紀子・山根理恵子・江藤節代・梅崎淳子・林田みさお・安永悟「LTD話し合い学習法を用いた看護論演習の評価―看護理論の理解を中心に―」『看護教育，第28回発表論文集』1997年，166～169頁.

　松崎学「『教育相談』の教授－学習方法について」『教職課程における「教育相談」の教育内容・方法に関する開発研究』山形大学教育相談研究会（編），2000年，47～79頁.

　野田　淳・市丸訓子・山本冨士江「話し合い学習法（LTD）の看護教育への適用」『日本看護研究学会雑誌』Vol. 25, No. 4, 2002年.

　安永悟「LTD話し合い学習法の導入：参加者の評価と指導上の注意点」『久留米大学文学部紀要（人間科学科編）』7・8号，1995年，49～69頁.

　安永悟「LTD話し合い学習法の大学教育への適用」『久留米大学文学部紀要』15号，1999年a, 45～47頁.

　安永　悟・中山真子「LTD話し合い学習法の過程分析―不確定志向性の影響―」『久留米大学文学部紀要』19号，2002年，49～71頁.

4）LTD教材

　秋山秀樹「がん患者におけるインフォームド・コンセント」『現代のエスプリ』10, 1995年，77～85頁.

　梶田叡一「学ぶ力とは何か」『教育と医学』44, 1996年，4～9頁.

　木村晴子「援助的コミュニケーション―カウンセラーの仕事から―」津村俊充・山口真人編著『人間関係トレーニング』ナカニシヤ出版，1992年，84～88頁.

　成田健一・下仲順子・中里克治・河合千恵子・佐藤眞一・長田由紀子「特性的自己効力感尺度の検討：障害発達的利用の可能性を探る」『教育心理学研究』43, 1995年，306～314頁.

　坂本昇一「現代の『いじめ』は異質なのか」『教育と医学』43, 1995年，4～10頁.

　祐宗省三『モデリング』福村出版，1983年.

　祐宗省三・原野広太郎・柏木恵子・春木豊『社会的学習理論の新展開』金子書房，1985年.

　高垣忠一郎「いじめと思春期」『教育と医学』43, 1995年，18～24頁.

5）LTDの説明資料

　安永悟「資料：LTD話し合い学習法」『平成8年度～10年度・文部省科学研究費補助金（基盤研究（A）（1），代表：丸野俊一）研究成果報告書』1999年b, 223～232頁.

6）話し合いの認識

　安永悟・江島かおる・藤川真子「ディスカッション・スキル尺度の開発」『久留米大学文学部紀要（人間科学科編）』12・13号, 1998年，43～57頁.

　安永　悟・藤川真子「ディスカッション・イメージ尺度の再検討」『久留米大学文学部紀要（人間科学科編）』12・13号, 1998年，33～41頁.

7）認知動機

　安永悟・甲原定房・藤川真子「ディスカッション・スキル運用能力と思考動機との関係」『久留米大学文学部紀要（人間科学科編）』14号, 1999年，63～73頁.

8）不確定志向性

　安永悟・甲原定房「不確定性への志向性―その測定法と妥当性の検討」『久留米大学文学部紀要（人間科学科編）』5・6号, 1994年，35～45頁.

　安永・中山　前掲書，2002年.

付録1：LTDミーティングの記録紙

名　　前：＿＿＿＿＿＿＿　　グループ名：＿＿＿＿＿＿＿
学籍番号：＿＿＿＿＿＿＿　　日付：　　月　　日　　時限

Ⅰ．事前調査

　　　以下の内容を、あなたはどれほど認めますか。もっとも当てはまる数字を1つ選んで、
　　（　　）に記入してください。
　　　全く認めない　0　10　20　30　40　50　60　70　80　90　100　とても認める

1. 今日のミーティングについて、いまどのように感じていますか。
　　（1）　わたしは予習が十分できている。　　　　　　　　　（　　　　）
　　（2）　わたしは今回の課題に興味・関心をもっている。　　（　　　　）
　　（3）　わたしは今日のミーティングに貢献できると思う。　（　　　　）
　　（4）　今日のミーティングでは、グループ全体として話し合い
　　　　　が活発に行われると思う。　　　　　　　　　　　　（　　　　）

Ⅱ．事後調査

1. 以下の内容を、あなたはどれほど認めますか。もっとも当てはまる数字を1つ選んで、
　　（　　）に記入してください。
　　　全く認めない　0　10　20　30　40　50　60　70　80　90　100　とても認める

　　（1）　課題に対するわたし個人の理解が深まった。　　　　（　　　　）
　　（2）　課題に対するわたしの興味・関心が高まった。　　　（　　　　）
　　（3）　課題に対する参加者一人ひとりの理解が深まった。　（　　　　）
　　（4）　グループ全体として話し合いが活発に行えた。　　　（　　　　）
　　（5）　このグループでまたミーティングを行いたい。　　　（　　　　）
　　（6）　LTD話し合い学習法をまたやってみたい。　　　　　（　　　　）

2. 参加者は集団にどれほど貢献できたと思いますか。自分も含めて参加者全員の名前を
　　書き，次の尺度に従って全員の貢献度を評価してください。
　　　　　　大変小さい　0　10　20　30　40　50　60　70　80　90　100　大変大きい

　　自分：＿＿＿＿＿＿＿（　　　）　　仲間：＿＿＿＿＿＿＿（　　　）

　　仲間：＿＿＿＿＿＿＿（　　　）　　仲間：＿＿＿＿＿＿＿（　　　）

　　仲間：＿＿＿＿＿＿＿（　　　）　　仲間：＿＿＿＿＿＿＿（　　　）
　　　　　　　　　　　　　　　　　時間係の名前の前に○印を付けてください。

Ⅲ．意見感想欄
　　--
　　--
　　--

付録２：フィードバック用紙

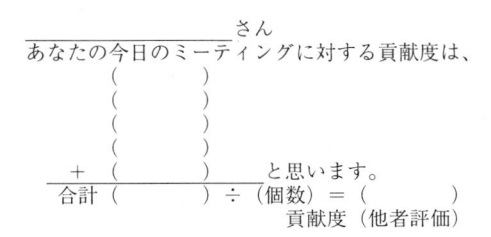

```
_____さん
あなたの今日のミーティングに対する貢献度は、
         (      )
         (      )
         (      )
     +   (      )
    合計（    ）÷（個数）＝（      ）
                          と思います。
                       貢献度（他者評価）
```

付録３：思考動機尺度と得点の算出法

「考えること」についての調査

学籍番号：_____　　性別：男・女　　年齢：　　歳　　ヵ月

　以下にあげた各文を読んで、その内容が、あなたにどれほどあてはまるかをお聞きします。下記の尺度に従って、あなたに一番あてはまる数字を一つ選び、文頭の（　）に記入してください。調査結果は統計的に処理しますので、皆さんにご迷惑をおかけすることはありません。皆さんが思っていることをそのまま答えてください。

[尺度]　　1＝全くあてはまらない
　　　　　2＝幾分あてはまらない
　　　　　3＝どちらともいえない
　　　　　4＝幾分あてはまる
　　　　　5＝とてもあてはまる

1. （　）簡単な問題よりも複雑な問題が好きだ。
2. （　）考えることを必要とする場面を任されることが好きだ。
3. （　）考えることは、わたしにとって楽しいことではない。
4. （　）わたしの考える力が試されてしまうようなことを行うよりは、ほとんど考えなくともやれるようなことを行いたい。
5. （　）深く考えなければならないような場面をあらかじめ予想し、その場面を避けようとする。
6. （　）長時間にわたって一生懸命考えることに喜びを感じる。
7. （　）必要以上には考えない。
8. （　）日々の雑務や雑事を考える方が、長期間にわたる計画を考えるよりも好きだ。
9. （　）一度習ってしまえば考えずにすぐできるような課題が好きだ。
10. （　）わたしが偉くなるには考える力が必要である、という考え方は魅力的である。
11. （　）問題の新しい解決法を考えるのが楽しい。
12. （　）新しい考え方を学ぶことは、わたしにとってそれほど興味深いことではない。
13. （　）毎日、解決すべき仕事がある生活を好む。
14. （　）抽象的に考えることに魅力を感じる。
15. （　）知性を必要とする重要で困難な仕事の方が、ある程度重要ではあるが考

16. (　　) 頭をとても使う仕事をした後、わたしは満足感よりもむしろ開放感を感じる。
17. (　　) 仕事がおわりさえすれば、わたしはそれだけで十分である。なぜ仕事が終わったのか、どのように終わったのか、わたしには関心がない。
18. (　　) 個人的に関係のない問題でさえ、わたしはつい深く考え込むことがよくある。

結果の集計法
　個人の得点を集計するにあたっては、下の手続きに沿って計算してください。A 得点と B 得点は対応する項目に対して個人が（　　）内に記入した数字を合計します。なお個人の得点範囲は最小の 1.00 から最大の 5.00 となります。

　　A 得点 ＝ 1 ＋ 2 ＋ 6 ＋ 10 ＋ 11 ＋ 13 ＋ 14 ＋ 15 ＋ 18
　　B 得点 ＝ 3 ＋ 4 ＋ 5 ＋ 7 ＋ 8 ＋ 9 ＋ 12 ＋ 16 ＋ 17
　　B'得点 ＝ 54 － B 得点
　　個人の得点　＝（A 得点 ＋ B'得点）÷ 18

IV章
コンピュータを利用した協調的な知識構成活動

協調活動の仕組みとコンピュータ支援

　ここでは、大学で学部生に認知科学を教えるための工夫について解説します。従来の講義を中心としたやり方と最も違うのは、学生を学習の主体に据え、学生自身が教材を自分たちで調べて自分たちでまとめあげてゆく協調的な学習方法を目指していることです。そのためにコンピュータを利用します。コンピュータを使うと、ノートを取ったり、付箋紙を使って考えていることの概念地図を作ったりするような学習の途中の記録をきちんと残すことができ、みんなが残したさまざまな記録を共有したり互いにコメントしたりしやすくなります。

　どうしてそういうことをするかというと、人は、自分で自分の考えを作り上げてゆく際、他人の似た考え方を参考にできると、自分だけでは気付かない見方に気付くことがあって、1人で考えるより深く吟味できることが多いからです。

　コンピュータにはもちろんこの他にも、情報が集められること、世界中の人と時間を気にせずメールのやり取り（意見交換）ができること、計算ができること、画像やテキストの編集ができること、などなどメリットはたくさんありますが、ここでは、記録と記録の共有という話題を中心に解説します。

1　学生主体の知識構成

　最近私は大学の授業でいわゆる講義をしなくなりました。しなくなった主な理由は、上で述べたように、学生自身が学習の主体であるべきだと考えるからです。教員が講義のためにするさまざまな準備活動は、教材から講義を作り上げるといった知的で創造的な活動から成り立っていて、本来これこそが学生の行うべき大事な学習活動だといえます。教員が教えるためにやっている活動を見直してみて、コンピュータなどのツールをうまく使って準備し支援することで、この活動そのものを学生に手渡すことができるのではないかと思うようになりました。

　概論系の講義をする場合私たち教員は、いくつかの研究例を組み合わせて一つの講義を作り上げます。90分の授業1回で三つや四つの研究の話はできますから、半期の授業であればさらにそれらを13から14回分組み合わせて、「認知科学」という分野の概要をつかんでもらえるよう、教員である「私」が知的な構成活動を繰り返すことになります。私がいくら上手に話したところで、学生に自分で一つの世界モデルを作り上げる過程の面白さや難しさは伝わるわけがないでしょう。学生自らにこの概論を作り上げる知的な構成過程を経験してもらうことによって、研究例の内容がしっかりわかるだけでなくわかることの面白さも見つけてもらえるなら、一石二鳥といえそうです。

　実際学生に知識構成活動をやってもらうための授業の準備は、純粋な講義の準備に比べて数倍の時間とエネルギーがかかることもありますが、学生側の授業中や時間外の活動量も相当増えます。その効果を期待したいと思います。

　このやり方をすると、一人ひとりの学生が自力で作り上げる「理論」、彼らなりの世界モデルの一つひとつが、他の学生にとっても貴重な教材になることもわかってきました。一人ひとりの学習ノートがコンピュータ上に記録

されていて、いつでも互いに見ることができるようにしておくと、学生は、他人のノートにコメントをつけたりみんなの作ったノートをまとめたりしながら、自分の考えを少しずつ作り直してゆくことができます。現在中京大学情報科学部認知科学科で私が担当するカリキュラムでは、こういう活動を通して学生が自力で知識を作り上げてゆこうとしています。

以下、本節でまず私たちが考える協調的な学習活動の仕組みを説明し、次の節で学習活動支援に使っているさまざまなツールの解説をします。最後の節では、協調的な学習がうまく機能するための学習活動は実際どんな形態で行っているのか、現在進行形の試みを報告したいと思います。

2　協調活動をミクロに見る

人は、何かがわかってくると、他人に話したくなるものですが、他人に話すと実はわかっていると思っていたほどにはわかっていないことが見えてきて、さらにわかりたくなります。こういう自然な知的探究の仕組みをうまく使って、学生に、単に講義を聞くだけではなく自分でわかり、わかったことを人に説明してさらに自分のわかり方を深めていってもらえるような学習環境を作ろうというのが私たちの学習環境デザインの根本的な考え方です。

私たちの授業では学生同士が各自理解したことを説明し合うなど、協調的な学習活動を重視しています。その理由は、2人以上で問題を解いたりものごとを理解したりする協調的な認知活動に従事することによって、参加者一人ひとりがものごとを深くしっかり理解できるようになることが認知的な基礎研究からわかってきているからです。協調的な問題解決研究の成果をまとめると、2人のときには1人では気付かなかった見方を他人が提供してくれることがあり、その他人の見方をうまく使うと、いままでわかっていたと思っていたことをもっと深く考え直せることがあります（Miyake 1986；三宅 1985）。こういう利点は、協調的な活動をする一人ひとりが自分なりの考えを持っているとき働きやすく、2人とも何も考えていないというときにはな

かなか面白い協調活動が起きにくいものです。

　同時に、2人で問題を解く過程では、2人がまったく同じ作業をしているのではなく、1人が問題を引き受けて解こうとしているともう1人はそれを少し外側からモニターするような見方をし、この役割分担によって2人がそれぞれ少しずつ違う見方をするようになるらしい、ということもわかってきています。

　他にも、2人の話し合いがうまく行くためには、それぞれ何をしようとしているのかが見えやすい方がいい（たとえば、黙って問題を見つめているより、メモでも書いてどんな考え方をしようとしているかわかるようにした方がいい）、2人の間でさまざまな考え方が提案しやすい方がいい（たとえば、相手のやっていることが「正しい」か「間違っている」かがあまり気にならない状態の方が、すぐ気になってしまう状態よりいろいろな考え方が出やすい）などの条件もあります（三宅 1985；Miyake 1986；三宅 2000；Shirouzu, et al. 2002）。2人で考える方が1人で考えるより一般に手間も時間もかかるのですが、その分、その場にでてくるさまざまな見方を突き合わせて、全体として整合的な考え方を求める自然な動機付けが起きて、一人ひとりの考え方が前より深くなる傾向があります。学生生徒の議論を通して理科の概念的な理解を促進する仮説実験授業など、協調活動をうまく使った実践でもこのような仕組みが使われています。

　科学の最先端で研究を進める科学者たちも、体験的にこういう協調作業のメリットを理解していると考えられます。科学や職場の現場ではさまざまなレベルの複数の研究者がチームになって新しいアイディアを提案しつつ実験的理論的に検証を重ね、みんなが合意できる仮説を作り出してはそれをさらに吟味するという協調的なやりかたで研究を進められているものです。

　こういう現場で起きていることを観察、分析した研究からは、力量の異なるメンバーがいてその間で自由なやり取りができることや、実験結果が思わしくないなど物事が計画通り進んでいないときでもそこから新しい発想を得られる柔軟性があることなど、いくつかの条件が揃ったときに画期的な仕事が成し遂げられることも報告されています（Dunbar 1995 など）。学生もいずれ

はこういう現場で知的な生産作業に関わるようになることを考えると、大学の授業を通してこういう知的な協調作業を体験できることにはメリットが大きいでしょう。

3　協調学習のデザイン原理

　こういう協調的な学習環境や学習カリキュラムをどうデザインしたらいいのかを考えるために、保育園で自然にとてもうまく協調的な学びが起きた場面を例に、考えておくべきことを整理してみたいと思います。

　住吉先生という方の保育園での実践に、子どもが氷を作りたいと思っていろいろ試しているうちにどういうときに氷ができるのかかなりしっかりした理解ができるようになったという話があります（本吉 1979）。

　ある日、保育園のプールに氷が張って、子どもたちはその氷で遊んでとても楽しかったのだそうです。いつも氷が張ればいいのにとみんなが思っていたところ、「雨が降るから氷が張るのかな」と考えた子がいて、それならみんなで調べよう、ということになりました。みんながそれぞれ自分の好きな容器に水を入れ好きな場所に置いて帰り、次の日の朝氷ができるかどうかを調べるということが1週間以上も続いたそうです。実際にはいろいろ複雑なことが起きて、「同じ青いバケツなのに私のには氷ができて美保ちゃんのにはできない」、「まこと君の氷は厚いのに僕のはうすいのしかできない。どうしてなんだろう？」などなど次々疑問が湧きました。そうやって自分で見つけた疑問に自分たちで答えようとしているうちに、子どもたちはだんだんどうしたら氷ができるかその条件をかなりはっきり特定できるようになったのだそうです。

　子どもたちは、自分たちなりに納得できる理由を見つけようとしていました。「容器を部屋の中に置いておいたから外のように寒くないので水は凍らなかったんだ」「容器に蓋がしてあったので、水は凍らなかったんだ」などの理由をそのつど考え出しては試してみたそうです。中にはすぐ反証が挙が

るような仮説もありましたが、起きている現象を次の日の氷作りで試せるような言葉でまとめる活動が辛抱強く繰り返されて、その内に一人ひとりが納得でき、しかもみんなが認める答えに到達できた、ということのようです。この例について認知研究者の稲垣佳世子、波多野誼余夫は、「注目すべきなのは、子どもたちがたえず自分たちなりに納得できる因果的説明を生み出そうとしていたこと」だと述べています（稲垣・波多野 1989）。

　どうしてそうなったのか、大事だと思われるポイントを整理してみます。第一に、園児はみんな「氷を作りたい」と思っていました。つまり、目的が共有されていて、「別の子のやっていることは私のやっていることとは関係ないの」という状態ではありませんでした。皆が同じことをやろうとしていたという了解があったからこそ、「美保ちゃんのバケツには氷が張らない」ことと自分のバケツには氷が張ったこととの間の関連性がさぐられ、それが因果関係の発見や解の統合的な理解につながったのだと思われます。

　これが、「みんな一人ひとり、どうして氷が張るのか調べましょう」という目標をたてて動いていたのだとすると、一人ひとり勝手にわかればいいだけですから美保ちゃんのバケツに氷が張ろうが張るまいがどっちでもいい、美保ちゃんのやっていることは私の考えとは関係ないから統合する必要もない、ということになってしまい、そこからは協調的な学習は起きなかったと思われます。

　もう一つ大事なこととして、それぞれの園児が自分なりに試してみたい仮説を持てた、ということが挙げられます。課題が「氷を作る」という具体的なものだったので、「水を何かに入れてどこかに置」きさえすればそれがそのまま仮説になりました。これは、学習活動の「デザインのうまさ」だったともいえます。さらに、誰が何を試しているか、その結果がどうなったかがみんなにわかるようになっていました。このことによって、みんなのさまざまな試みがそれぞれ「同じ問いへの答えのヴァリエーション」として園児たちに捉えられていたと考えられるでしょう。だからこそ、ここで起きていたさまざまな現象は、「いつでも氷が作れる答えを見つける」ためにまとめて

一緒に考えなくてはならないことであり、「因果関係を探る」ための材料として利用されて、いろいろな「理論」が作られ、協調的な吟味にさらされたのだと考えられます。

　この氷作りで起きていることを整理して、協調的な学習環境が満たすべき条件をまとめてみると、次のような項目を挙げることができます。

❶ 目的の共有
❷ 初期仮説
❸ 多様な解法や結果の公開、共有
❹ 結果の統合（理論作り）
❺ 多様な理論の公開、共有、統合
❻ 協調の文化の形成

　大学の授業に置き換えて考えるなら、「目的が共有される」ためには、まず授業に取りかかる前にその授業の最後にはどんなことができるようになっていてほしいのか、最終到達地点をできるだけ明確に学生に示す必要があるということになると思います。これは、概論のような授業では難しいことですが、どれだけの範囲をカバーしたいのか、最後に学生一人ひとりがどんな質問に答えられるようになっていてほしいのか、など、いくつかの形で目標を示す努力をすべきだろうと思います。

　二つ目の初期仮説に関しては、実際には学生一人ひとりみな異なった考えを持っているものですが、そのこと自体学生に自覚されているとは限りません。ですから、大学で初めて学ぶようなことであっても学生の体験と結び付けて一人ひとりが自分の考えを持てるような問題を用意することや、あるいは後述するジグソー方式などを利用して一人ひとりの学生に異なった資料を分担してもらい、下調べをした後でそれらを持ちよって話し合う場を設定し、「自分が担当した資料は自分しか知らない」状況を作るなどの工夫をする必要があると思います。

三つ目、四つ目、五つ目の「解法手段」や「結果」、「結果を統合した理論」の公開、共有には、ネットワークを駆使したテクノロジーが大きな役割を果たします。学生が作り出すいろいろな理論がさらにそれぞれ対比されて、抽象度の高い理論として精緻化されるチャンスがあると望ましいということになるでしょう。

そして、最後に書きましたがおそらくは最も大事なことの一つとして、大学の授業の中で教員と学生とが互いにこういう協調的な学び方が大事だと思っている、つまり協調活動の仕組みを理解して協調的に知的創造活動に従事する慣習、文化があることそのものが持続的な協調学習活動を支えてゆくでしょう。こうやって整理してみると、これらの項目はどれも、大学での学習場面が協調的に機能するように設計するとき参考にできるデザインの原理だと考えてよいと思います。

4　学生はどんなまとめを作るのか

学生自身で調べたことや聞いたことをまとめるという作業を一つの学習目標にするなら、そのための学習活動をデザインするに当たって、学生は普通資料をまとめてくださいといわれたときどんな活動をするものなのかを調べておきたいと思います。人が一つの文章を読んでどういう要約を作るかに関しては、それだけ独立してたくさんの研究があります。しかし、学生が複数の資料を読んでどうまとめるかという課題はそれほど研究されていません。ここでは、私たちが今調べてわかってきていることの中から、印象的な例をお話して、解決策を考える手立てにしたいと思います。

学生に聞いてみますと、資料を一つ渡されて要約せよという課題はよく出るようですが、いくつかの研究例を同時に渡されてそれらをまとめよという課題はあまり経験がないようです。明示的にはそういう課題が少ないにしても、半期の講義の最後に学生に身につけていてほしいのは、解説した一つひとつの研究例をバラで覚えておくことではなく、それらが全体として講義の

テーマに対してうまく統合されたまとめだろうと思います。さらにいえば一つの講義の内容を関連付けるだけでなく、別の講義と今受けている講義との関係や、別の講義と別の講義の間の関連も、本来学生が積極的に探してつかんでほしいものであるはずです。「学んだこと同士の関連をつけること」は、教員の側からもっと意識して学生に要求してゆくべき課題の一つだと思います。

最近新書がはやりですが、よく書けた新書は大学生にとって新しい分野への手引きとして役に立つはずのものです。読みやすくても中身はしっかりしたもので、認知研究への入門書にできるような新書であれば、1章に具体的な研究例が5、6個から多いときでは二十数個入っていることがあります。こういう新書の1章に含まれる複数の研究例をどうまとめるか——大事なものとそうでないものを判断して、著者の主張の裏付けとして必要なものは具体例の内容まで触れ、そうでないものは短くまとめるか割愛して全体として著者のいいたいことを浮き彫りにする——は相当高度な知的作業になります。そもそもこれまでの認知研究ではこれほど複雑な過程は扱ってこなかったのだともいえるでしょう。

いくつかの大学で学生に簡単な聞き取り調査をしてみたところ、この長さの資料を要約せよという課題もあまり経験がないようです。彼らがよく経験しているのは、新書であればせいぜい数ページにわたって展開された一つか二つの互いに内容的に近い研究例の紹介で、学生自身ですらそもそも「たくさんの資料の内容を統合的にまとめる」という作業そのものに対して経験が少ないといえるかも知れません。

ところが、こういう課題に対して学生から典型的に出てくるのは、一見大変良くできた要約であることがあります。学生が書いてくることと章の内容を比較してみると、まず章のはじめに書かれている「問題」や「テーマ」の記述からはっきりしたものを抜き出し、ついで章の中央あたりからそこまでに著者が書いてきたことの中間的なまとめの記述（これは、「ここまでをまとめると」、「わかってきたことは」、「要するに」、「こういう見方に対して」、「次に問題になる

のは」などの手がかりになる用語を見つけると、その前後でうまく拾えます）を付け加えて、最後に章の終りの辺りから結論を述べている部分を抜き出してつないであることがわかります。

　つまりこういう要約は、内容はほとんど理解しないまま要約作成に必要な文章を同定して抜き出して並べただけでもできてしまうともいえます。問題は、課題を提出した教員の方が章の内容をよく知っているため、こういう要約をよくできた要約だと思い、またこういう要約を書く学生は自分と同じように章の内容もわかっていると感じられるところでしょう。実際こういう要約を書く学生に少し詳しく内容を聞いてみますと、ほとんどわかっていないこともめずらしくありません。学生自身、こういう要約が書けても「わかった」気はしないものだそうです。

　実験として、こういう学生に、章の内容から具体的な研究例をすべて抜き出しそれらが章の中で並んでいる順序どおりに並べさせた上で、「どうしてこの著者は、これらの具体例をこういう順序で並べたのか、それぞれの具体的な研究例の中身とそれらの間のつながりを、あなたの言葉で表現しなおしてほしい」という課題をやってもらいました（岡田・三宅 2002）。このやり方で読みますと、1章を読み解くのに短くて2時間、長いと5、6時間かかることがありますが、全員、具体的な研究の内容を統合したまとめを作ることができました。こうやって作ってもらったまとめの方が、先ほどのはじめと中と最後の記述を適当に選んで作ったまとめより数段質が良くなっていることはもちろんですが、興味深かったのは、参加してくれた学生の多くが「この作業をやって初めて章の内容がわかった気がした」という感想を述べていたことです。中には、「わかったけれど、これは私なりのわかり方で、著者がいいたかったこととは違うかもしれない」「著者がいっていることは一つの見方に過ぎないかもしれない」という発言も出てきました。講義を重ねて学生に研究成果を手渡してゆくとき、学生がこういう彼らなりのわかり方をする時間と手間がかけられるよう、授業を工夫する必要があるということだろうと思います。

もう一つ、別の実験のデータを紹介しましょう。図4-1は、五つの資料からそれぞれ三つの要点（研究の前提、研究の概要、その後の研究に与えたインパクト）を付箋紙に抜き出して、「五つ全体のまとめを作れ」という課題に対する付箋配置の結果です。図中の数字は、五つの資料を1、2、3、4、5としたとき、それぞれの付箋紙がどの資料から抜かれたものかを示しています。図4-1(a)は学部の3、4年生3人に修士の院生1人がついて作ったまとめ、図4-1(b)はプロの研究者が配置したようすです。

　プロが、おそらくはかなり意識的に五つの資料の一つひとつをそれぞれの要素に解体した上で要素ごとに再統合し新しいまとめを作ろうとしているのに対して、修士レベルまでの学生はむしろ元々の各資料をかたまりのまま独立して扱っていることが見て取れます。後者は、まとめを作ったとしても、「資料1にはこれこれのことが書かれていました、次に資料2ではこういう結果が報告されていました…」という羅列に終わる可能性が高いでしょう。

　これに対して、学部生を2人一組みにして、プロのやり方に近い付箋の抜き出し方や抜き出したものの配置の仕方、配置からまとめの文章の作り方を段階的に誘導すると、時間はかかりますが学部生でも十分プロに似たような解体統合型のまとめを作ることができるようになることがわかっています（湯浅・三宅 2002）。

　まとめると、学生は普通複数の研究資料をまとめるような複雑な作業に慣れていませんが、十分な時間を保証してうまく手助けすれば、プロの研究者に近い活動をすることができます。プロのやり方を授業の中で意識的に説明し繰り返し取り上げることによって、そういう作業ができるようになっていきます。このような体験をくり返すうちに学部生であっても「資料を解体して自分なりのまとめを作る」醍醐味が感じられるようになるのではないでしょうか。

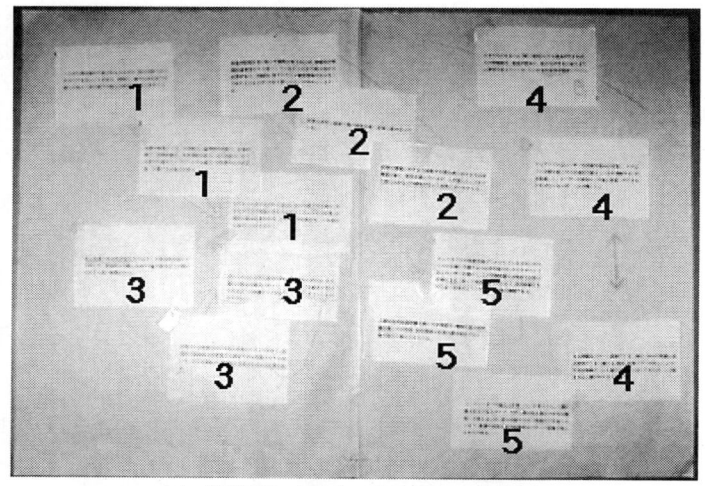

(a) 学部の3, 4年生、修士生による配置

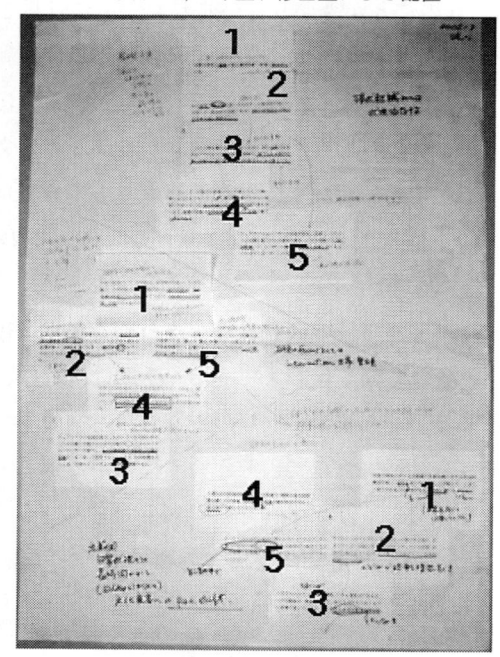

(b) 研究者による配置

図4－1　五つの資料からまとめを作る付箋配置実験の結果

注）図中の数字は、五つの資料1、2、3、4、5から抽出された付箋紙がどの資料から抜かれたものかを示す。

5 正統的周辺参加という考え方

　学生が主体的に知識を作るとはどういうことなのかを考えるのに、学校以外の場で普通に起きている学習活動について考えてみることも参考になります。1980年代初頭から、認知科学や学習科学と呼ばれる研究分野を中心に、学校で起きる学習活動の性質を理解するために、それとは対照的な日常生活で起きる学習の形態を探る研究が盛んに行われて来ました（レイヴ＆ウェンガー 1993 ; Rogoff 1990 ; Hutchins 1995 など）。

　それらの研究では仕立屋の徒弟が一人前になる過程や産婆の娘が産婆になる過程、軍艦を運航するチームの初心者が徐々に専門的な知識を身に付けていく過程などが扱われており、読み物としても面白いのですが、これらの研究は学習研究に携わる人たちの学習観を大きく変える契機にもなりました。その中に、大学の授業を変えるヒントになる考え方も含まれています。

　そういう考え方の一つにレイヴとウェンガーが提唱した「正統的周辺参加」があります（Lave & Wenger 1991）。彼女らは、学習を「社会的な実践共同体への参加の度合いを増すこと」だと考えます。普通「学習者」と呼ばれる初心者は、ある社会的な実践共同体（職場と考えて結構です）に正式に参加を許されているものの、まだ中心的な役割を果たすだけの知識や能力がないので、「周辺的」に参加している人、ということになります。この初心者は参加の度合いが進むにつれて、段々完全な参加者（彼女らの用語では「十全的参加者」）になり、いずれ一人前になります。

　たとえば、レイヴ自身が観察した西アフリカのヴァイ族とゴラ族の仕立屋は、子どもを徒弟として預かると一緒に生活して普通5年ほどかけて一人前の仕立屋に育て上げます。徒弟は仕立屋街で生活するうちに、衣服ができ上がるまでの全過程をじっくり観察し、親方、職人、さらに他の徒弟がそれぞれどんな仕事をしているのかがわかるようになり、簡単な手伝いからだんだんと仕事を任されるようになっていきます。つまり、周辺的な参加者が十全的参加者に時間をかけて徐々に変わる仕組みが、職場の中に自然に出来上

がっているのだといえます。

　その段階をもっとくわしく見てみると、徒弟が最初に作るのは簡単な帽子やズボン下、子どもの普段着などで、しかも最初は手で縫えるところやアイロンかけから始めるそうです。ボタンをつけたり袖口をくけたりする作業は、完成品が全体としてどう見えるか、どんな形をしているかを学ぶ良い機会を提供するものでありながら、同時にもし万一間違ってしまってもその失敗を最小限に押さえられるような作業です。

　そのうちにミシンで縫うことを学ぶようになると、異なる布切れがどう組み合わせられて最終的な全体の形になるのかがわかるようになり、最後にそういう布切れを作り出すためにはそもそも布をどう切ったらいいか、裁断を学ぶという段階を踏むのだそうです。

　徒弟には、最初から製品の完成に正統的に関わりながら、しかも重大な失敗を最少にするような順序で活動が準備されているように見えます。中学校のパジャマ作りの授業などでは、基礎から学ぶという名目の元に、型紙の補正や裁断から教えることがあると思います。しかし、考えてみれば型紙作りや裁断は服作りの中で一番創造的で一番難しい作業です。中学校のパジャマ作りの授業がそこから始まるというのは、レイヴが観察したような日常的な実践から考えるとあまりうまくないやり方で、途中で失敗してイヤになってしまう学生への対処もそれほど考慮されていないといわざるをえないかもしれません。

　こういう「社会的な実践共同体への参加の過程」の特徴を普通の学校教育と比較したブラウンたち（Brown, Collins & Duguid 1989）は、学校の教育についても、

❶　学習目標について、今何を学んでおけば先に何ができるようになるか、因果的な関係を学習者自身がわかるような工夫をする

❷　学習すべきことがらを学習者がすでに知っていることやできることに結び付け、次に何をすればいいかを学習者の目からも見えやすくする

❸ できるかできないかをテストするのではなく、できたらなぜそれでできるのか、それができると次にはどんなことができるはずかを考えるような習慣を持ち込む

❹ 1人ではまだできないことには手助けを与え、まずできるようにしてからそれを1人でもできるよう導く

などによって、「認知的な学習を徒弟制度化すると、これまでよりうまくいくはず」というアイディアを提案しています。大学での授業を考えてみると、この提案がいっているような事柄に対する配慮が十分になされているとは思えない部分も多々あります。最初の学習目標については、最近ですと、理工系の学部を中心にインターンシップの取り入れなど社会的なニーズを学生にも知らせて、学習効果を高めようとする動きが見えるようになってきたと思いますが、まだまだ改善の余地はありそうです。そもそも大学での勉学の目的は、社会の「今」の要求に答えることではなく、将来社会が目指すべき指針を考えることですから、インターンシップは一つの工夫に過ぎません。勉学の目的への配慮は十分になされる必要があります。

　2番目の提案については、一般には大学の教員の方が高等学校までの先生方より学生の日常生活や学生自身の興味関心について知らないことが多いのではないかという気もします。学生が高等学校修了までに何をどう学んできていて、それをどう大学の授業に活かせるのかを調べることについても、もう少し体系的な取り組みが必要だと思います。

　3番目の提言は、もともと科学が成立つために大切な習慣についての提言ですから、学年が上がってゼミでの活動などが中心になってくればこういう考え方に触れる機会も多くなるでしょう。学部の1、2年生でまず基礎的な勉強を、という場合、そこで規範解を求めるだけでなく、問題の解き方そのものについて吟味を重ねるような工夫がもっとなされてもよいのでしょう。

　4番目の提言は、学年間の交流が少ない大学のやり方ではそもそも取り入れようとする発想そのものが出てきにくいのではないかと思います。ネット

ワーク上での学習などがもっと普及して、前の学年の受講生が挙げた成果を後の学年の受講生が利用するなどのやりかたが普通になってくれば、間接的にですがこの提言で勧めているようなことがやりやすくなってくるかもしれません。

　これらの提案が正しいかどうかは、これらを生かした実践がほんとうにうまくいくかどうか、具体的にやってみることによって確かめることができるでしょう。今、認知研究の一部で、こういう理論的な提案を教室など学習の実践の場で確かめ、その実践から逆に理論を作り直そうという学習科学研究がさかんになりつつあります（三宅・白水 2003）。工夫の余地は、いろいろなところにあるようです。自分にあった工夫をできるところから取り入れてみることで、学生にとってだけでなく私たち教員にとって教えることが楽しくなってくるものなのではないかと思っています。

実践事例❶──知識構成を支援するコンピュータ・ツール群

　この節では、前節で話題にしたようなさまざまな学習活動を具体的に支援するコンピュータ・ツールを紹介していきます。どこにでもあるツールからちょっと特殊なツールまで、私たちがここ数年実際に開発して使ってきたものや今使い始めているものなどについて、具体的な授業の文脈の中でどう使うのか、使ってみた感触はどうかなどを報告します。

1　周辺的参加の支援

　大学に入学したばかりの学生は、先ほどの正統的周辺参加という考え方からいえば、プロの研究者の世界に周辺的に参加し始める時期にいるといえるでしょう。こういう比喩が成立つのだとすると、新入生は早くからプロが仕事をする場に出入りができて、しかもそこでは周りを観察することや完成品

に近い仕事で失敗の許される仕事などを割り当ててもらうのがよい、ということになりそうです。

　最近大学の中には、やる気のある新入生を選抜して上級生、院生、プロと一緒に活動させる高度なプロジェクト制を売り物にしているところがありますが、そのような場はうまく構成されていればこれまでの学部教育よりずっと強力な専門家養成環境になる可能性があります（仕立屋の職場などは長年の経験を経て、「徒弟の最初の仕事はアイロンかけ」など一種の慣習が出来上がっていると考えられます。それに対して、大学での学習環境改革としてのプロジェクト制はまだ長年の経験の蓄積を持っているわけではありませんから、その分、どんな活動をどの順序で提供すると望ましい効果があがるかなどについてよく考えて構成しなければなりません。この作業は簡単なことではないので、プロジェクト制が一般に有効に働き始めるまでにはしばらく時間がかかると思います）。

　従来どおりの講義であっても、新入生の周辺参加の敷居を低くすることはできます。たとえば、職場はその大きな特徴として、専門性に関してさまざまなレベルの人が混在していて、少し先輩に簡単なことを聞いてみるなどのことがやりやすくなっています。ところが普通大学の授業は、すべてを知っていることになっている教員と、ほとんど何も知らない学生との二極に分かれたメンバーによって構成されていて、「ちょっと先輩に聞く」などのことはやりにくいものです。これでは敷居が高いので、たとえば掲示板などを利用して、去年同じ科目を履修した人たちの話し合いを見ることができたり、その人たちにちょっとした質問ができるなどの仕組みを作って敷居を低くする工夫が考えられます。

　図4-2はそのような目的に使うことのできるツールの一つで、私たちがInteractive Query Raiser（IQR）と呼んでいるものです。基本的には掲示板で、掲示板に上がっているテキストの各行にコメントをつけることができ、そのコメントにまたレスポンスをつけることができます。授業のレクチャー・ノート（ここでは、授業中に話す内容とどういう資料を配布するかなど授業の進め方の詳細をほぼ実施予定通りに書き出したものを指します）を掲示して、そこに受講生

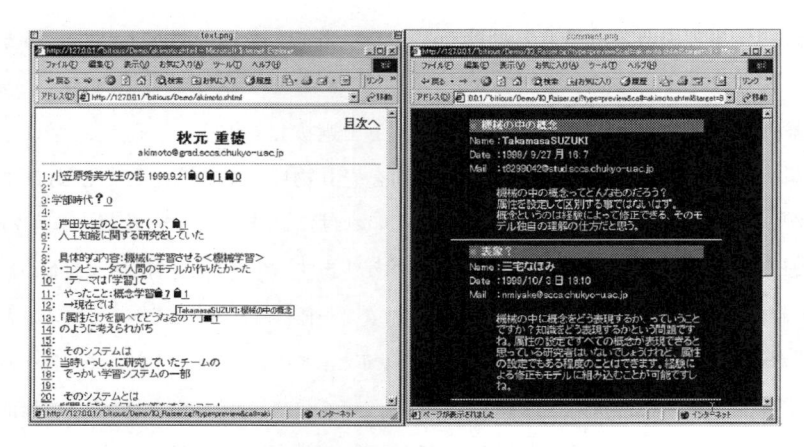

図 4-2　Interactive Query Raiser (IQR)
左側のような掲示板上のレクチャー・ノートの行番号を指定して、その行にコメントや質問をつけることができる。コメントがつくと行の最後の鉛筆マークがつく。鉛筆マークをクリックすると右側のようにコメントやレスポンスの内容を読むことができる。

が質問を投稿すると、それに対して同じクラスを受講している学生や前にこの授業をとった学生、TA (Teaching Assistant)、担当の教員などが返答したり、コメントを書き加えたりできます。ここに、教員のレクチャー・ノートだけでなく講義の内容に対して上級生やTAなどが話し合っている議論の様子そのものを掲示してコメント可能にすると、専門性の度合いの異なる人々が参加している一種のコミュニティとして質問しやすい環境ができます（中山他2000）。

　私たちが担当する授業の中でこのシステムは、最初は単に教員のレクチャー・ノートや授業中の配布資料に対して受講生が質問できる機会を確保するという使い方から始まりました（中山・三宅 2000）。1年生が、自分自身の受講する授業に対して「質問しやすい環境を作りたい」という熱意で作ってくれたシステムでした。複数の教員で担当した授業に利用し、講義の後に担当教員のレクチャー・ノート（用意されていないときにはTAが取ったノート）を上げ、1年生が質問やコメントを書き込んで、時々それに教員が返答するという活動を半期続けました。

はじめのうち使うのは一部の限られた学生でしたが、ログ（使用履歴——いつ誰がどのくらい使ったかの記録）を見ると、半期の間じわじわと新規に参加する学生が増えていっていました。授業中2回ほどみんなでこの掲示板を見にいって、友だちがコメントしている様子を見てもらったりもしましたので、受講生の間に「講義の内容に質問したり、学生同士でコメントし合ったりしてもよいのだ」という了解が浸透していったのだと思います。

　質問の内容を分類してみると、質問回数の多い学生のほうが質の高い質問をする傾向も見られました。このシステムを使ってみて面白かったのは、教室でならほとんど出ることのないごく基本的な質問（たとえば、知識の話に対して「概念って何？」と一言だけ聞く質問）が出てきて教員から詳しい説明がなされ、質問した学生にとっても、そういう解説を一からやり直してみようと考え直した教員にとってもよい学習チャンスになった、などのことがあったことです。

　その後この掲示板は、ゼミで学生が発表した後、その内容を掲示して発表された内容に互いにコメントをつけるという使い方や、1、2年生の授業で出された課題に3、4年生が回答やコメントをつけて提供する使い方など、さまざまな授業でさまざまな使われ方をしてきました。最近では、教員同士、博士課程の院生同士、修士から修士修了の研究生同士、4年生のゼミ生同士といった具合に、専門性のレベルが異なるメンバーがそれぞれ研究の話をしているチャットのログをこの IQR に載せて、学部3年生のゼミ初心者がそれらのチャット・ログ、つまり上級者同士の会話に対してどんな書き込みができるかを調べるということもやってみました（中山他 2003）。周辺参加という考え方からいくと、学年のすぐ上の上級者同士の会話にはついていきやすくコメントもたくさんつけられますが、上級者同士の話し合いになればなるほど手が出しにくくなると考えられます。やってみると結果はそのとおりになりました。

　この結果に対して、初心者は上級者に対しては上級者だというだけで遠慮してしまうのではないか、という解釈も成立ちます。そうだとしても、ある

いはそうであればそれだけ、こういうシステムが身近にあって、初心者が近場の人に気楽に質問できることに意味があるでしょう。さらには初心者が自分自身では質問しにくくても、少し上の上級者がもっと上のレベルの上級者にどういう質問をしたらどんな返事が返ってくるのかを日常的に観察できるようになっていると、質問の仕方そのものを学ぶことができるなど、こういうシステムがないときに比べて初心者が早くプロ集団に慣れる手助けになることが期待できます。

ここに残るログは、さまざまなレベルの人がそれぞれプロの集団の中で担っている役割を明らかにしたり、自分自身のやっていることを内省したりするためのデータとしても役に立つ可能性があります。私たちの研究室では、こういうシステムをみんなが日常的に使いやすい形で運用するにはどうしたらよいかということも含めてこういうシステムの可能性を探っています。

2　似た経験を分かち合う――レポート課題提出ページ

私たちの学部には、学部全体で利用できるイントラネットがあります。ここに、講義ごとに毎週出される課題を提出する「レポート提出」用の掲示板があります。提出されたレポートを公開するかどうかを担当教員が決めることができますので、さまざまな使い方ができます。提出した個人と担当の教員だけがレポートを見ることができるように設定し、毎回採点して教員のコメントをつけておくと、個々人の学生についてこれまで何回課題を提出して平均点が何点かをたちどころに計算してもくれます。

私の授業で使う場合にはすべてのレポートがすべての学生から見えるように設定し、互いに他人のレポートを読んだり、参考にしたりすることを奨励しています。このシステムは今のところ学生の側から見ると閲覧できるだけで、コメントをつけたり相互にリンクを張っておいたりすることはできませんが、学部内の教員から希望が多く出ればだんだんそういう機能も増やしてもらえるシステムです。

こうやってレポートを公開しますと、かえって他人の丸写しは出てきません。逆に他人のレポートを見て全体のレベルを測り、レポートを書き換えて再提出するという学生も出てきます。副次的な効果として、こういう公開レポートを毎週読むことができると学生の名前が覚えやすくなるというメリットもあります。私たちの仲間でプログラミングを教えている教員は、最初の授業でデジカメを回して各自の写真をとってもらい、Webに上げておいてそこに課題や毎回の授業の後に学生が書くポイントや感想、質問をすべてまとめています（学生からは見えません）。最近私たちの仲間内ではなんといっても彼が一番たくさんの学生の名前を覚えているように思います。

3　資料をまとめる

認知科学科の授業では、入門期が過ぎると、資料を分担して読んでまとめ、内容を伝え合うという活動が入ってきます。詳細は実践事例2で紹介します。この「資料を分担して教え合う」協調的な学習活動を支えるのがReCoNoteというシステムです。最初のVersion 1は、1997年に卒業研究の一環として学部生によって開発され、その後研究費を導入して改良されています。

このシステムは、図4-3のように、Webブラウザ上で動作するノート共有システムで、学生同士が互いに調べた内容を共有し、相互に関連付けて全体をまとめる作業を支援します。学生は大学内からでも自宅からでもいつでも自由に使うことができます。大方の協調学習を支援するノート共有システム（たとえばKnowledge Forum；三宅・白水2003に解説有）が書き込む内容を話し合うテーマごとに構造化してシステム上での議論を直接サポートするのに対して、ReCoNote–Ver.1.は、各グループがまとめた内容を比較対照して自分なりに関連付けて知見を統合するためのシステムです。書き込む内容はグループ、個人単位で構造化されており、書き込まれたノートの比較対照、リンク付け、さらにリンクそのものを比較対照する機能があります。

ReCoNote–Ver.1.には個人のノートとグループのノートがあって、グルー

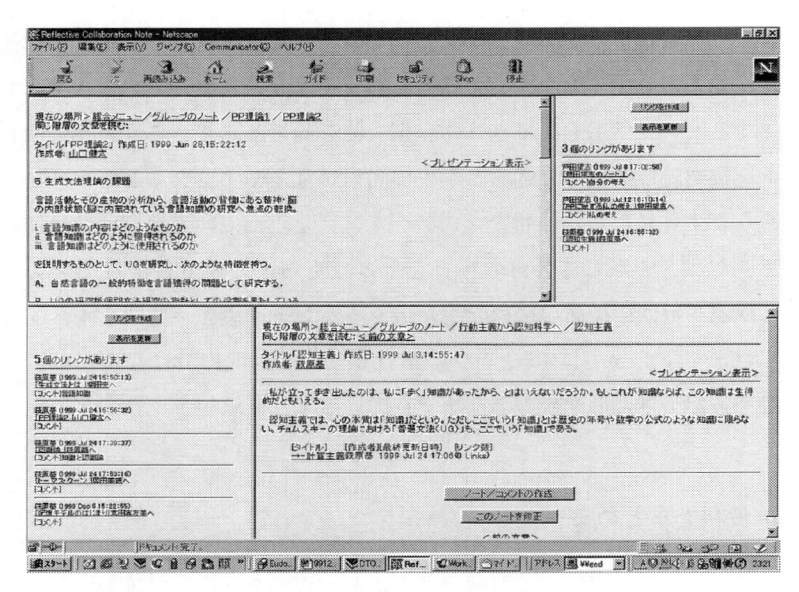

図 4-3 Reflective Collaboration Note (ReCoNote)—Ver.1.
左上と右下の窓にはノートの内容、右上と左下の窓にはそれぞれのノートに張られたリンクのタイトルが表示されている。

プで調べた研究例のまとめはグループのノートに、自分自身のまとめは個人のノートに書きわけることができます。他人のノート、グループのノートはすべて自由に参照したり、互いにリンク付けたりすることができます。

ノートは図4-3のように上下二つのウインドウに表示され、比較した内容同士を関連付けるときには「相互リンク機能」を活用します。相互リンク機能は、関連のある内容同士を双方向に、作成理由をコメントとして記入しながら関連付けるものです。たとえば、ノートAとBを繋げるとき「ノートAからノートBへの関連」と「ノートBからノートAへの関連」をそれぞれ独立したコメントとして残しておくことができます。作成したリンクは、リンクリストとしてコメントとともにノートの隣の窓に一覧表示されます。この機能により他人が作成した相互リンクをたどって、関連付けられたノート同士を比較参照できます。また、関連リンクのリンクリストのコメントを比較参照してノート間の複数の繋がりを吟味することもできるようになって

います。

　このシステムを初めて本格的に導入したのは、学部3年生が特定のテーマについて学ぶ特論の授業でした。「問題解決論」というテーマの授業の目標を、「これまで認知研究で知られてきたことをまとめて人というものがどんな問題解決システムかをまとめたレポートを作る」という課題にしました。前節の冒頭でいった「講義に使う研究資料をすべて学生に渡して、自分たちでまとめ上げる」という活動を求めたことになります。

　この実践では57人の受講生が23のグループに分かれて典型的な問題解決研究を分担し、自分たちで調査してノートをまとめた後ReCoNoteを使ってその内容をクラス全体に発表しました。さらにその発表を聞いた後、みんなのノートの間に相互にリンクを張って関係付け、全体をまとめて、その結果をまたクラスで発表するという活動を繰り返しました。最後には23グループの約半分が、授業で扱った多くの資料を包括的にまとめたレポートを提出するという成果を上げました。半期の授業が終わった後、レポート提出までの期間にも、多くの自主的な関係付けやノートのまとめ直しの活動が起きていたことがログからわかっています（益川 1999；三宅・益川 1999；益川 投稿中）。

4　分解して、まとめなおす

　学生が自分で資料を読む作業が多くなってくると、読むという作業そのものを支援したくなります。2人でいっしょに読むのであれば、相手が今何をどう考えて読んでいるのか、互いに見えると便利でしょう。普通こういう認知過程は外から観察できないものですが、私たちは認知プロセスの研究者ですので、なんとかこの見えないプロセスに迫りたいとも思ってきました。一つの試みとしてある程度成功したのは、読んでいる材料そのものを小さく部品化して、一つひとつの部品を二次元空間上に配置して、読みながら何を考えているのかを「見る」システムです。これによって読む過程を研究することもできますし、学生同士が互いの読み方にコメントしながら読みを深める

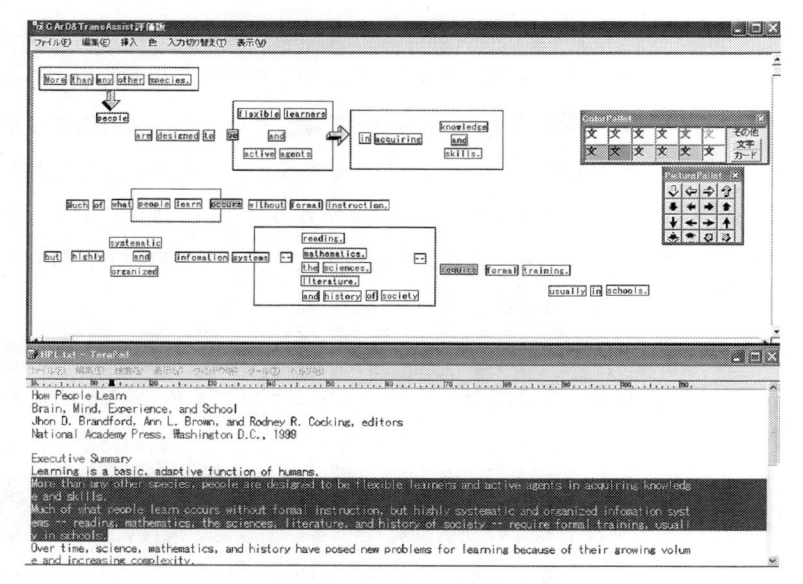

図 4 - 4　TransAssist (TA)

支援にすることも期待できます。

　図4-4は、その一番最初の試みで、複雑な英文を読むのに単語をすべて積み木状態にばらして、それらの単語を自由に組み合わせて「読」もうというシステムです（TA：TransAssist）。システムがやることは、英文を入力すると単語一つひとつばらにして四角で囲って空間配置できる二次元画面上に待機させるだけで、システムが単語の積み木を配置するということは一切しません。積み木はドラッグ＆ドロップで空間上の好きな位置に置くことができます。何も書いていない積み木も用意されているので、そこに訳や注釈などを書き入れて同時に配置することもできます。

　このシステムについては、長文を読めるようになりたいという人たちを相手に、実際長文をこれで読みつづけたら読みやすくなるかどうか、1ヵ月半ほどをかけて評価実験をしました（古田 1997）。結果は、操作に時間がかかりすぎることもあって、期待したほどの効果を上げることはありませんでした。それでもこのシステムは、その後も時々、学部生が集まって英文の資料

を読むときや、大学院のゼミで文法的に複雑な英文の解釈で意見が分かれたとき、参加者一人ひとりの考えをはっきりさせるためなどに使われています。

こういうシステムはいつも使うものではないだけに、使いたいときにさっと取り出して使える状態にしておく必要があります。こういうシステムをもっと使いやすい状態で保持していくことも私たちの研究室のこれからの課題の一つです。

この英文読み支援システムは、その後、別の院生の研究でCArD（Card Arrangement Displayer）という名の長文読解システムに発展しました（三宅・野田 1998）。単語の代わりに文一つひとつをカード状態にし、それを並べて「読む」というシステムです。システムを作る前にほんとうにこんな読み方ができるのか、まずは30文程度の文章の文一つひとつをそれぞれ1枚のカードにして元の順序どおりに重ねて参加者に渡し、白い大きな紙の上にそれらのカードを好きな位置に置きながら読んでいってください、と頼む予備実験を行いました。それまでそんな読み方をした人はおそらくいなかったと思いますが、どうしたらいいかわからない、という人はいませんでしたし、カードをすべて直列に並べてしまうという人もほとんどいませんでした（最終的には300人ぐらい調べた中で1人のみでした）。

普通の人が何をするかというと、文がつながっていると思う間はカードを素直に並べていきます。少し話が違ってきたと思うと、これまでの並びとは少しずらすなど、ちょっと位置を変えて置いていきます。話の内容がはっきり変わると、それまで貼っていた一連のカードとは別のところに新しく並びを作るなどして、あたかも頭の中に作っている構造を紙の上に再現するかのようにカードを並べて行きます。これで、「読んでいる過程」がある程度外から「見える」ようになりました。

こういうツールがあると、2人でいっしょに同じ文章を読むなどの作業をするときにも、一つひとつの文の位置を手がかりに「どうしてそこに置くの?」「話が変わったと思うから」など、読みながら作り上げている意味の世界に対して新しい言葉がつけ加わって、たがいに吟味ができるようになり

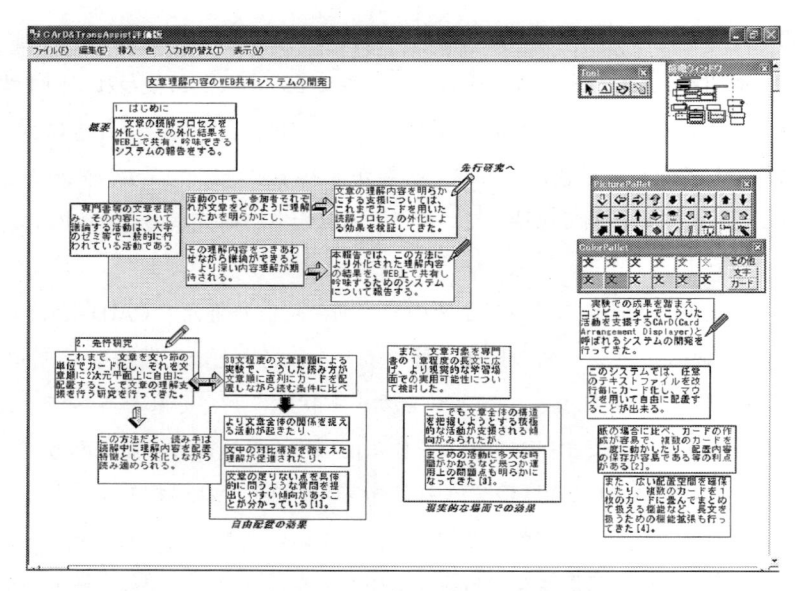

図4-5　Card Arrangement Displayer (CArD) web 公開版

ます。そうやって読んだときの方が読んでいる2人がそれぞれ内容をよくわかった気がする、という傾向も見られました。図4-5は、Web上で公開しているこのツールの最新版です。

　このツールの開発途中では、専門書の1章程度の文章に含まれる文をすべて物理的な（コンピュータ上ではなくて、ほんとうに1枚1枚切り離した紙の）カードにして模造紙に貼り込みながら読んでもらうという実験もやりました。読みの過程についての研究はこれまでにもたくさんありますが、対象にしている文章はもっと短いのが普通です。この方法によって、これまでの研究からは出てこなかった「読みの難しさ」が浮き彫りになってきたという印象があります。せいぜい3、4時間で読めると思っていた専門書の1章を参加者が完全にわかった気分になるところまでカード配置してもらったところ、20時間以上かかった、というケースもあります（野田1999）。

　このような実験をしてみると、「読む」という作業がどれほど読み手の積極的な推論や解釈を要求する「重い」認知作業かということが見えてきます。

同時にこの実験は、私たちが普段読んでいるとき、どれだけ多くの部分を「読み飛ばして」いるかをはっきりさせてもくれました。もともと文章の中には、読み飛ばされることを前提に書かれている部分もあります。読むときにはじっくり推論すべきところとそうでないところを区別する必要もある、ということになります。そうだとすると、高等学校までの現代国語の時間や英文の長文読解の時間でやっていることは、日常的に普通に人がやっている読みとは相当かけ離れた、「不自然」な読みだということにもなりそうです。

学校で教えているような読みと、実際に専門書を大量に読み込んでゆくときの読みとがどこまで同じものなのか、違うとしたら、どう使い分けたらいいのか、これまでの読みの研究からはすぐには答えを引き出すことができません。研究をしながらこういう現実にぶつかると、大学の授業を良くするために、基本的に私たちがやっている認知過程の詳細がもう少しわかってくる必要がある、そのために認知研究者がすべき仕事もたくさん残されている、という気がします。

5　分解して、関係付けて、まとめなおす

資料を分解して、必要なところ同士を関連付けて、全体としてまとめなおすという作業を支援するために、現在のReCoNoteは図4-6に示すような形に発展してきました。ここではいわゆる概念地図（Concept map）が描け、互いに関連付けられるようになっています。これからもさらに形が変わってゆく予定です。

学生がこういう概念地図を描けるようになるまでにどんな資料をどうやって分担して読むのかなど、カリキュラムの実際については次の節で説明します。現在のReCoNoteはVersion 1に比べてノートの配置能力や表現能力が格段に増しました。反面、いつも二つのノートを対比して見る（それしかできない）という制限がなくなったことに付随して、ノートが少し複雑になってくるとどことどこを対比して見たらいいのか、ノートを作った本人でないと、

図 4 - 6　Reflective Collaboration Note (ReCoNote)―最新版

あるいはリンクにつけられたコメントを丁寧に見てゆかないと、わかりにくくなった面があります。

　これについては二つの考え方ができます。一つは、このシステムがまだ使いこなせていないために、こういうノートを次々に作っていって自分なりのまとめを作るやり方を私たちが知らないから、慣れるまでわかりにくい気がするだけだと考えるものです。このシステムを使って貰うと、確かに学生のノートの作り方そのものが変わっていきます。たとえば、半年ほど使ってもらうだけでも、一部のよく使う人たちの中には中に入れる要素は少なくしてノートそのものをたくさん作って体系的にまとめてゆくタイプの人が出てきます。こういう使い方の変化がどういう学習効果を生むのかは、私たちがこれから注意深く調べてゆかなくてはならない課題です。

　もう一つの考え方として、そもそもこういうカードを貼り込んだようなノートの取り方は、一次元に流れる思考をまとめるのには不向きで、複数のノートを比較対照したいときは Version 1 のように 2 枚のノートが見えてい

ればそれで十分ということなのかもしれません。これについては今の図4-6にあるような見せ方をもっと工夫して、新しい見せ方の効果を探っていく必要があると思っています。

　いずれにせよ、ノート同士やノートに含まれる要素間に互いにリンクを張っておいて好きなときにリンク先にあるノートや要素を呼び出せるという機能は、これまでの紙媒体にはなかった自由度の高い情報の扱いを可能にしてくれます。こういう新しい表現方法によって私たちのもののまとめかたなどがどんな影響を受けるのか、認知的にも興味深い研究テーマがまたここでも出始めてきていると思います。今後タブレット型のPCなど、手書きやジェスチャが持つ表現力とコンピュータ上のツールとの相性が良くなっていくとすると、新しい表現方法が可能にしてくれる思考支援ツールの可能性も大きくなりそうです。

6　ビデオを教材にノートを取る

　最後にもう一つ私たちが現在開発中のツールを紹介します。講義のビデオなどマルチメディア素材を扱うためのツールです。これからは授業のビデオ記録を撮ることなどもごく普通に行われるようになりそうで、特定の教員の授業をWeb上で公開するというだけでなく、もっと日常的に、受けた授業を振返るために授業ビデオが使われるという可能性も考えられるでしょう。そんなことを考えて私たちが今試験的に作ってみているのは、授業が終わってから講義ビデオを見直して、とっておきたいところだけを短いクリップにしてノートに貼り込んでおき、クリップの間にリンクを張ったり、クリップやリンクにコメントをつけておいたりすることのできるシステムです。ビデオからクリップを作り、そこにコメントをつけるシステムをCommentable Movie Sheet（CMS）、ビデオクリップやその他のマルチメディア素材を二次元配置してノートにするシステムをMultiMedia Document system（MMD）と呼んでいます。図4-7は、左上窓でビデオを再生し、下のいくつかの窓でさ

図4-7　Commentable Movie Sheet (CMS)

左上窓のビデオは、こちらから指定したタイミングで現在中心に据えているタイムフレイム前後にどのような画面があるのかを同時に提示している。下半分のうち左上は、ビデオ全長の中でこれまでカットしたクリップの位置を示すバーであり、この場面ではその中で選択されたクリップについての和訳プロトコル（左下窓）、その英語版原文（下中央窓）、そこへのコメントなどが提示されている。これらの窓は必要なものだけを残して普段は閉じておくことができる。

まざまなタイプのコメントをつけている途中のCMS動作画面、図4-8はそうやって作ったクリップを貼り込んで関係付けたりコメントをつけたMMDの画面です。

　将来的には学生が、CMSを利用して授業ビデオについて大事だと思ったところ、印象に残ったところや疑問を持ったところなどのビデオクリップを作り、それをMMDの上でリンクでつないだりコメントをつけたり、さらには他のテキストや音声データも取り込んで、内容を整理できるようになることを想定しています。こうしておくと後から見直すときにも、講義の中で気になった部分のビデオに戻ってもう一度話を聞いて確かめたり、考え直してみたりすることができます。

　さらに受講生全員がこういうノートを作っているとすると、好きな時間に

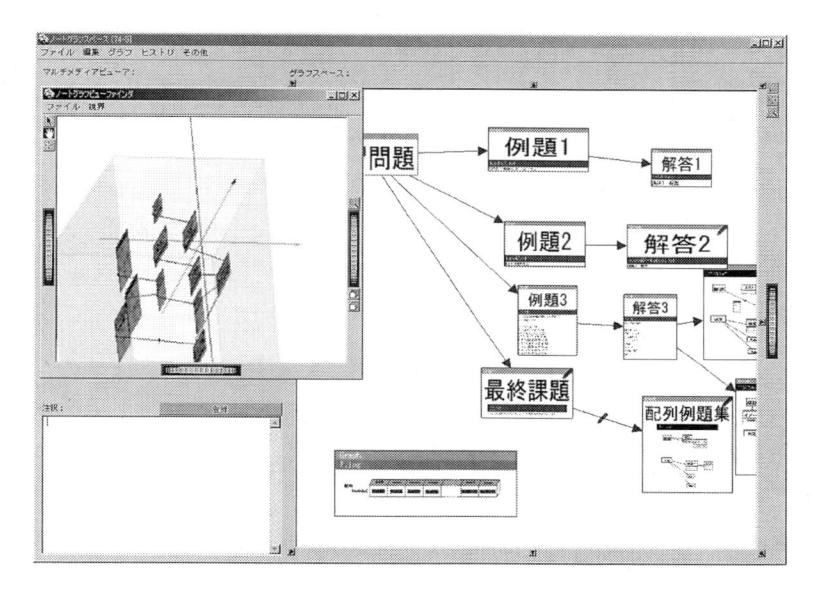

図 4-8 MultiMedia Document system (MMD)
右窓はマルチメディア素材を要素としてリンクで関連付け、必要なコメントをつけて整理するノートグラフスペース。左窓はその三次元表示。

　それぞれみんながどんな講義のまとめ方をしているのかを比べたり、討論の時間にはそれぞれのノートを見せ合って、必要なら授業のビデオに戻って教員が正確になんといったのか確かめながら、自分たちの考えを作り直してゆくことができるようになるでしょう。

　現在、受講生 80 人のクラスで、2 人 1 組になって 3 日前に見た講義ビデオのクリップ入りのノートを作るという作業を実験的にやってみています。ビデオクリップのファイルの大きさがネックになるなど、いまのところこのような作業を行うにはかなりな技術サポートが必要になりますが、将来普通に使えるようになりそうな作業とよく似た作業を体験できるところまではきています。

　やってみると学生はかなり自然にビデオ素材を扱えることがわかりましたが、テキストでまとめる作業とビデオのクリップを作ってまとめる作業は質的に随分違った作業だということもわかってきました。ビデオは「言い換え

る」ことができないので、普通の意味での要約を作るのがむずかしいかわりに、内容が要約によって変わってしまうということがありません。また、教員のやった講義を振返るためにビデオを使うのと、自分が何か難しい問題を解いているようすをじっくり振返って、違う解き方をしている人の解き方を比べてみるというようなビデオの使い方では、またその学習効果も大きく違うようです。ビデオのような新しい素材をどう学習に活かしたらいいのか、新たなリサーチ・テーマが次々生まれているのが現状です。

実践事例❷――協調的な学習活動

この節では、学生同士の協調的な学習活動を引き出すために私たちがよく使うやり方を解説します。私たちが協調活動を通して学生にやってほしいと思っていることは、

❶ 各自自分が調べたことを他人に説明して、自分の考えをはっきりさせること
❷ 他人の考え方や他人の知っていることをできるだけ正確に理解して自分の知識を増やすこと
❸ 自分の考え方ややり方と他人の考え方ややり方を比較対照して、それらを統合、整理する視点を得ること

という三つにまとめることができます。こういう働きをする協調過程は一人ひとりが自分なりの考えを持っていることが前提になります。

その前提を作り上げるために、多少人工的ですが学生をグループに分けて、各グループにそれぞれ異なった文献を渡し内容を理解してもらった上で、各グループから1人ずつを抜き出して組み合わせ、新しいグループを作って、そこで各自が理解した内容を交換し合うような舞台設定が有効に働くことが

あります。グループの中で全員がそれぞれ「自分しか知らない」事実を持っていると、そこを出発点として、全員ある意味同じ立場で議論に参加することができるからです。

　これは、ジグソー法と呼ばれている協調活動の支援方法の一つで、私たちのカリキュラムではいろいろな形でよく使います。本節ではこの形が大学の授業でどんなふうに使えるのか、実例を紹介します。

　もう一つ、協調過程がうまく働くためには、参加している人たちの考えていることができるだけ他人から見えやすい形で外化されている必要があります。言葉で説明することは、人が最も自然に行う外化の一種です。「自分しか知らない」事実を「他人に伝えなければいけない」状況は、自分が分担している部分についてうまく外化しようとする強い動機付けを引き起こしますので、ジグソー法は、言葉による外化の支援にもなっています。しかし話し言葉は記録が残らないので、もう少し「扱いやすい」外化物がほしい場合、考えていることを付箋に書いて概念地図を作るなどの作業をいっしょに行います。

　付箋を貼るなどの具体的な作業には言葉で説明しきれない見方の違いを明らかにする効果もあります。たとえば2人の学生がAとBという資料について「AとBは少し違う」という同じいい方をしていても、どのくらい「違う」と感じているのか言葉だけではわかりません。このとき実際AとBそれぞれの要点を書いた付箋があってそれを配置する作業をしてみると、それぞれの学生がAとBの2枚をどのくらい離して貼りたいと思っているかを比べることによって、2人の感じ方がどのくらい異なっているのかを「見て」取れます。こういう操作はコンピュータ上で行うとその記録を取っておいたり互いに公開したりしやすくなります。前節で紹介した TransAssist や Card Arrangement Displayer、また Reflective Collaboration Note や MultiMedia Document system はいずれもこういう外化支援機能を通して協調活動を活性化するためにも使われています。学部1年生のはじめのうちは少人数で付箋などを使った短い協調作業を講義に折り込み、少しずつコンピュータ上の

ツールを紹介しながら2年間かけてクラス全体での協調作業へと進んでゆきます。

1　ジグソー法

　学生が主体的に知識を作り上げる過程を支援する方法として、私たちのカリキュラムではジグソー法と呼ばれる方法をよく使います。この方法の基本形は、教材を分割して各部分を担当するエキスパートを作り、その後各部分のエキスパートを1人ずつ集めた新しいグループで互いに分担部分について情報を交換し合って全体を把握させる、というものです。

　最初の段階で分割した部分部分のエキスパートを作るグループをエキスパートグループ、後半各エキスパートグループから1人ずつ集めて構成するグループをジグソーグループと呼びます。ジグソーグループでは全員担当したものが違いますから、学生は互いに「自分しか知らない」ことをグループの他のメンバーに伝えなければならない状況で話し合うことになります。

　ジグソー法はもともとはアロンソンという社会心理学者が、1970年代に盛んだった人種融合政策にあわせて考案したグループ活動支援方略です(Aronson, E. & Patnoe, S. 1996)。この頃、黒人の子どもと白人の子どもを強制的に混在させる学校を作って人種融合を促進する政策が取られた結果、子どもたちの間に却って反目が起きるなどして事態がうまく動かなかったことがありました。ジグソー法はそのような事態への対処方略として考案されました。具体的には、一つの文章を六つに切って1人の子どもには6分の1だけを読ませ、違うところを読んだ6人全員が協力しないと最後のテストに全問正解できないという状況を作って、一人ひとりの存在の大切さ、協力の大切さを指導するための工夫でした。今私たちが使っているのは、このやり方を協調学習の支援方略として発展させたものです。

　よく考えてみると人は一人ひとり考え方も感じ方も違うのが当然ですから、わざわざ各人に「自分しか知らない」ことがあることを明白にする工夫が必

要なのはおかしな話だともいえます。けれど、十分な知識をまだ持っていないと感じている学生は、「一人ひとり」の「意見が違う」はずだから自信を持って自分の考えを話せといわれてもそうはいかない、ということもあるでしょう。そういうとき「一人ひとり」の「意見が違う」ことを保証して全員を話し合いに参加させるためには、ジグソー法はうまいやり方です。

　私自身学部の授業でさまざまなジグソーグループを組んでみた結果、1、2年生の頃からジグソー法に慣れてきた学生は3、4年生になってゼミなどで話し合いの時間が増えたとき、「一人ひとり意見が違う」ことを当たり前のこととして受け入れやすくなっているのではないかと感じることがあります。ジグソー法という人工的な方略が、人が本来持っている個々の違いを認めやすくする素地を作っているのだとしたら、興味深いことだと思います。しかし、このやり方にしても、最初から一人ひとりが難しい文献を担当してすぐにジグソーを組めるというものではありません。私たちのところでは、単純なものからだんだん複雑なやり方へと、2年くらいかけて、順々に導入しています。以下順を追って解説します。

2　単純ジグソー法

　ジグソーグループの組み方はいろいろ工夫できます。数個の独立した資料を1グループが1資料を担当して読み合わせるものが最も単純な形で、私たちはこの形を単純ジグソー法と呼んでいます。1年生の前期、初めてジグソー法を導入する時期には、2、3個の資料を材料にこの単純ジグソー法から入ります。1回に扱う資料の分量は、A4用紙片面に収まる程度が一つの目安で、このために資料を書き下ろすこともあります。初期の単純ジグソーで扱う教材の例を二つ、表4-1にあげました。

　例1のような、単体の資料として読める短いものを交換し合うジグソーであれば、90分1コマの前半で資料を読み、後半でジグソーを組むこともあります。このやり方ですと欠席者の心配をする必要もなく、その場で確実に

表4-1　単純ジグソー用資料例

例1	独立した簡潔な資料を読み合わせる例：好奇心による自発的学習の可能性	
資料A	感覚遮断実験	人にとって極端に刺激の少ない状態は快適ではない
資料B	知的好奇心	幼児でも自発的持続的な働きかけから理解を作り上げる
資料C	報酬と動機付け	外的報酬は内発的な動機付けを軽減させる
例2	密接に関連し合った資料を統合する例：記憶構成についての研究成果を統合する	
資料A	ネットワーク表現	概念間のつながりをネットワークで示すことができる
資料B	意味記憶	人は文についてその表面的な形より意味的な内容を覚えている
資料C	記憶の再構成	記憶内容は再生時に得た情報によっても変化する

　ジグソーが組める強みはありますが、その場で急に読んでも確実に読み取れる簡潔な内容の資料を用意する必要があります。90分の中に学生一人ひとりが互いに資料を説明する時間を確保しなくてはなりませんので、資料は三つくらいが限度です。

　グループの作り方としては、資料の数と同人数のグループ（3資料なら3人グループ）を作りグループごとに資料を1セットずつ配布して中で1人が1資料ずつ担当する方法（これがAronsonの原型に一番近い形です）のほか、まず同じ資料を担当するものが集まってエキスパートグループを組み全員で資料を読んで内容を確認した上で、授業の途中で違う資料を読んだもの同士が集まり直してジグソーを組む方法があります。これですとクラスの途中で席を移動する必要が出てきます。学生が少し慣れて、最初の資料をきちんと理解していないと人に説明できないことがわかってくると、この後のやり方もスムーズにいくようになります。

　表4-1の例2は、それぞれの資料についてかなり詳しい内容まで検討して情報交換してほしい例です。丁寧にやるのであれば、これだけで数コマが必要になります。1コマ目で資料を読み、同じ資料を読んだ同士（エキスパートグループ）で概念地図を作成し、2コマ目で資料ごとにクラスをセクションに分けてTAなどに協力してもらって資料の内容を確認した上で他人に説明しやすいよう概念地図を作り直し、3コマ目でジグソーを組んで相互に説明し質議応答を経て全体でどんなことがいえるのかを話し合い、4コマ目で各自

が作ってきた概念地図を統合する、などの活動を行います。

　学生が慣れてきて、コンピュータ上のツール群も使えるようになってきたら、エキスパートグループでのまとめ、ジグソーを組んだグループでの話し合いの結果はそれぞれ ReCoNote などのノート共有システム上に記録として残しておき、ジグソーグループを組んだとき、各自自分たちがエキスパートグループで作ってきたノートを利用して話し合います。こういう記録が残してあれば、自分が参加しなかったグループでどんな話し合いがあり、どんなまとめがなされたのかをいつでも見にゆきたいときに参照することができます。ここまでの活動だけですと、自分たちのグループで話し合った内容にしか触れることができませんので、最終的なレポートはそういった他人のリソースを利用してまとめるよう要請しています。

3　構造化ジグソー

　資料自体が相互になんらかの関係性なり構造を持っていて、学生にはその構造を意識しながら知識統合してほしいときには、最初から学生にその構造をつかんでおいてもらう必要があります。そういう構造に沿ってジグソーを組み上げるやり方を構造化ジグソーと呼んでいます。たとえば「認知科学」は、同じテーマをさまざまな研究方法で扱う学際的な学問として特徴付けられることがあります。その特徴を捉えるために、「学習」「問題解決」「記憶」の3分野を「認知心理学的な研究方法」「シミュレイション・モデルを利用した研究方法」「現場の観察を中心とした研究方法」という三つの方法で扱った資料を集めるとすると、3×3のマトリックスができ上がります。このマトリックスを埋める九つの資料を用意して、

① 　一つの資料を3人から6人で担当し、まずそれぞれの資料を3分割するなどして単純ジグソーを組みしっかり読み込んで、各資料についてのエキスパートを作る

② 同一テーマ（たとえば「学習」）について、異なった研究方法による資料を担当した学生を1人ずつ集めてジグソーを組み、テーマについての三つの資料をカバーするエキスパートを作る
③ 同じ研究方法（たとえば「認知心理学的な研究方法」）について、それを使って行われた異なったテーマについての資料を担当した学生を1人ずつ集めて、研究方法についてのジグソーを組み、研究方法についての三つの資料をカバーするエキスパートを作る
④ テーマも研究方法も異なる資料を扱った学生を1人ずつ集めて、マトリックス全体について話し合うジグソーを組む

という4ステップの活動を通して、認知科学があつかう領域の広さについて考える機会を作ることができます。つまり、1人の学生は、一つの資料についてのエキスパートになるのと同時に、一つの分野と一つの研究方法についてのエキスパートになることが期待されているわけです。

学生には活動の最初に資料のマトリックスとこの4ステップを提示し、活動がどんなふうに進んでいくのかを確認しながら作業を進めます。各ステップでわかってきたことをそれぞれのグループで ReCoNote などのノート共有型システム上にまとめ、次のステップでの話し合いに利用するほか、授業時間外に自分たちのグループ以外のグループではどんなまとめが作られたのかを見にゆくことができるよう配慮します。それぞれのステップの間に元のグループに戻って内容を確認する作業を入れることもあります。この形のジグソー法は1年後期から2年生前期に6コマから8コマかけて実施しています。

これらの資料をまとめ上げるのにはかなり長期間の活動が必要になりますが、資料の構造が活動の構造と重なっているため、学生の目からも次にどのような作業をするのかが見えやすいという利点があります。次々にグループが入れ代わってゆくことも予想できるため、グループ活動があまり好きではないという学生もある種覚悟して参加せざるを得ないところがあるようです。

このような方法を取るようになって、学期最後に提出されるレポートに言

及される資料の数は着実に増えてきました (Miyake, et al. 2001)。学生たちの中には他の人の担当している資料もすべて自分で読もうとする者も出てきます。渡される資料に対して学生から出される質問の質も上がってきました。将来は、こういう学生の興味をもっと発展させるために、学生の手の届きやすいところ、たとえば授業に関連したWebページ上などにより発展的な資料を置くなどして学生の自発的な学習を支援できるようにしたいと考えています。

4　ダイナミック・ジグソー

クラス全体でもっと数多くの資料を読み合わせる場合には、学生一人ひとりが各自の興味関心に従って自分なりに中心的に扱いたい資料を選び、必要な相手を選んで情報を交換できる仕組みがほしくなります。最近のカリキュラムでは2年生後期の基礎的な勉強の仕上げの時期に学生のこういったニーズに応えられるよう、ジグソーの組み方そのものをある程度学生の自由にゆだねるやり方を導入しています。

具体的に説明しますと、2002年の2年生後期の授業（受講生70名）では表4-2にあるような3領域33の資料について、以下のような順序で情報交換を繰り返しました。

① 33資料の概要を聞いて、自分のコア（核）にしたい資料を数個選ぶ
② 上記の選択を考慮して選定された領域のグループメンバーになる
③ 自分の担当する領域内の十数個の資料概要リストからコア資料を1、2個、その周辺に位置すると考える資料（「コア周り」と呼ぶ）を4、5個選ぶ
④ 同じコアを担当する数名でエキスパートグループを作り、コア資料の内容を確認し、コア資料について他人に説明できるようにする
⑤ 自分のコア周りをコアとしている人とジグソーを組み、資料を読み合

表4-2　2002年実施ダイナミック・ジグソー資料

領域A	
情報を取り入れる	
1	視覚や聴覚仕組み
2	概念駆動処理
3	データ駆動処理
4	機能分化
5	アフォーダンス
6	思い込みによる判断間違い
知識の構造を表す	
7	意味のネットワーク表象
8	「概念」の「典型」
9	記号対イメージ
10	記憶方略と長期記憶
領域B	
知識を使う	
11	会話の公準
12	文の仕組み，文法理解の原則
13	問題解決の枠組み
14	問題解決過程の発話分析
15	選択判断原則の非合理性
16	データ駆動対概念駆動型思考パタン
17	確証バイアス
18	問題解決と問題理解
19	アナロジー（推論）
20	状況に依存した問題解決
21	外界情報を利用した問題解決
22	道具の持つ制約（支援性と制限性）
領域C	
知識を獲得する	
23	認知発達段階
24	表象書き換え理論
25	発達の最近接領域説
26	言語獲得、世界モデルと生得性
27	発達に対する文化の影響
28	「心の理論」
他人から知識を取り入れる	
29	同調傾向
30	協調問題解決
31	経験の重複による役割分担調整
32	社会的態度
33	認知的不協和

わせて、コアとコア周り数個の資料に付いて他人に説明できるようにする

⑥ 自分の担当領域内で自分のコアやコア周り以外の資料をコアにしている人たちとジグソーを組み、担当領域全体について概要をつかむ

⑦ ⑥を繰り返して、自分のコアを中心に、自分の担当領域全体を他人に説明できるようにする

⑧ 3領域から1人ずつ組み合わせて「領域越え」ジグソーを組み、33資料についてその概要をつかむ

　この各ステップごとに、そのときの内容に合わせてReCoNoteをまとめていきます。このようなステップには、自分の興味関心があるコア資料とコア周りの資

料について繰り返し人に説明する機会が含まれているため、説明やRe-CoNote上の記述を少しずつ作り替えてだんだんしっかりした理解が得られるようになっていきます。

　同時に、最初はコア資料だけの説明から、コア資料とコア周りの資料をまとめた説明、さらには自分のコアを軸にして担当領域全体の説明へと説明内容の抽象度を少しずつ上げていくことが期待されています。最終的には領域を越えるジグソーを組んで自分の興味関心からは少し遠い分野の資料についてまとめ、認知科学の全体像の中から自分の興味関心を見つめ直して、3年次以降のゼミ活動について考えてもらう機会にしてほしいと思っています。

　このような仕組みで活動してみた結果、ほんとうに積極的に参加してくれた学生たちは、最終的には33資料のほぼすべてを含んだ概念地図を作り上げるようになりました（前節の図4-6 ReCoNote最新版に例示されているのはそのような概念地図の一つです）。それらの学生の中には33すべての資料を読んで、「資料の読み方そのものがわかってきた」と報告してくれるような学生も出てきています。反対に、自分の選んだコアとそれに関連した数個の資料だけに最後までこだわった学生もいましたが、それらの学生は選んだ少数の資料について、自分の考えとも関連づけてかなり深い議論ができるようになってきました。このやり方は他のジグソー形態に比べて学生の多様な活動のあり方を許容するという利点があるようです。

　現在この授業については受講した学生たちが受講後半年から1年を経た時点でどのような内容を自分のものとして覚えているのか、個別にインタビューして聞き出すなどして、評価の仕方そのものを検討しているところです。上記の①から⑧の時間配分や資料の選び方などにさらに工夫を重ね、単純ジグソー法の導入からの2年間の流れをよりスムーズなものにして、学生がよりうまく学べるカリキュラムを作っていきたいと思っています。

■参考文献

《協調活動の仕組みとコンピュータ支援》

Brown, J. S., Collins, A. & Duguid, P., "Situated cognition and the culture of learning", *Educational Researcher*, no. 18, 1989, pp. 32–42. 訳本として,ブラウン,J. S.,コリンズ,A. & ドゥーグッド,P.,「状況に埋め込まれた認知と学習の文化」,安西他編『認知科学ハンドブック』共立出版,1992年,36〜51頁.

Dunbar, K., "How scientist really reason : Scientific reasoning in real world laboratories" in Sternberg, R. J. & Davidson, J. E. (eds.), *The nature of insight*, New York : Cambridge UP, 1995. 本人による同趣旨の研究の紹介書として,ダンバー,ケビン「科学者の思考法」岡田他編著『科学を考える』北大路書房,1999年,26〜55頁.

稲垣佳世子・波多野誼余夫『人はいかに学ぶか』中央公論社,1989年.

Lave, J. & Wenger, E., *Situated learning : Legitimate peripheral participation*, Cambridge : Cambridge UP, 1991. レイヴ,ジーン・ウェンガー,エティエンヌ『状況に埋め込まれた学習―正統的周辺参加』佐伯訳,産業図書,1993年.

Rogoff, B., "*Apprenticeship in thinking : Cognitive development in social context*", Oxford U. P. 1990.

Miyake, N., " Constructive interaction and the iterative process of understanding", *Cognitive Science*, 10, 1986, pp. 151–177.

三宅なほみ「理解におけるインターラクションとは何か」佐伯胖編著『認知科学選書vol.4―理解とは何か』,東京大学出版会,1995年,69〜98頁.

三宅なほみ「建設的相互作用を引き起こすために」植田一博・岡田猛編著『協同の知を探る:創造的コラボレーションの認知』共立出版,2000年,40〜45頁.

Shirouzu, H. & Miyake, N., "Guided verbalization for conceptual understanding : A scaffold for making sense of multiple traces of cognition", American Educational Research Association, 2002.

本吉圓子『私の生活保育論』フレーベル館,1979年.

岡田美礒・三宅なほみ「自身で内容を構成しなおすことによる長文理解支援」『日本認知科学会第19回発表論文集』2002年,20〜21頁.

湯浅且敏・三宅なほみ「文章構造の把握をサポートすることによる文章統合活動の促進」『日本認知科学会第19回発表論文集』2002年,238〜239頁.

《知識構成を支援するコンピュータ・ツール群》

古田一義「意味構造表記ツールによる外国語読解プロセスの外化の効果」『中京大学文学部心理学科卒業論文』1994年.

中山隆弘・三宅なほみ「共有による質問促進システムの試み」『日本認知科学会第17回大会発表論文集』2000年,172〜173頁.

中山隆弘・伊藤真吾・三宅なほみ「コミュニティにおける段階的熟達者の会話を見る効果」『日本認知科学会第20回大会発表論文集』2003年,338〜339頁.

野田耕平「長文読解過程の外化による支援」『日本心理学会第63回大会発表論文集』1999年,676頁.

益川弘如「協調学習支援システム〈ReCoNote〉が持つ相互リンク機能の効果」『教育工学会論文誌』23 (2),1999年,89〜98頁.

益川弘如「大学生のための協調学習活動支援:認知科学における知識構成型カリキュラムの実践と評価」『教育心理学』投稿中.

三宅なほみ・野田耕平「読むプロセスを《見る》」『月刊言語』Vol.27 (2),1998年,26〜35頁.

三宅なほみ・益川弘如「メディアが変える教育―知の共有から知の共創へ」『月刊言語』

Vol.28 (3), 1999 年, 54〜60 頁.
三宅なほみ・白水始『学習科学とテクノロジ』放送大学教育振興会, 2003 年.
《協調的な学習活動》
Aronson, E. & Patnoe, S., *The Jigsaw classroom : Building cooperation in the classroom*, Addison-Wesley Longman : New York, 1996.
Miyake, N., Masukawa, H. & Shirouzu, H., "The complex jigsaw as an enhancer of collaborative knowledge building in undergraduate introductory cognitive science courses, in Dillenbourg, P., Eurelings, A. & Hakkarainen, K. (Eds.) *Euro-CSCL Proceedings : European Perspectives on Computer-Supported Collaborative Learning, First European Conference on Computer-Supported Collaborative Learning*, March 22-24, Universiteit Maastricht, Maastricht, the Netherlands, pp. 454-461, 2001.

□編著者

杉江　修治（すぎえ・しゅうじ）　Ⅰ章
中京大学国際教養部教授

関田　一彦（せきた・かずひこ）　Ⅱ章・協同学習をどう進めるか
創価大学教育学部教授

安永　悟（やすなが・さとる）　Ⅲ章
久留米大学文学部教授

三宅なほみ（みやけ・なほみ）　Ⅳ章
東京大学大学発教育支援コンソーシアム推進機構副機構長

□実践事例紹介

高橋　一郎（たかはし・いちろう）　Ⅱ章・実践事例1
創価大学経済学部教授

南　紀子（みなみ・のりこ）　Ⅱ章・実践事例2
創価女子短期大学英語コミュニケーション学科准教授

久保田秀明（くぼた・ひであき）　Ⅱ章・実践事例3
創価大学教育学部教授

高等教育シリーズ125
大学授業を活性化する方法

2004年3月15日　第1刷
2012年3月30日　第5刷

編著者　杉江修治　関田一彦
　　　　安永　悟　三宅なほみ
発行者　小原　芳明
発行所　玉川大学出版部
　　　〒194-8610　東京都町田市玉川学園6-1-1
　　　TEL 042-739-8935　FAX 042-739-8940
　　　http://www.tamagawa.jp/introduction/press
　　　振替　00180-7-26665
印刷所　株式会社三秀舎

NDC 377

© Shuji Sugie, Kazuhiko Sekita, Satoru Yasunaga, Naomi Miyake 2004　Printed in Japan
乱丁・落丁本はお取り替えいたします

ISBN978-4-472-40300-2 C3037

高等教育シリーズ

大学教育の現在・過去・未来を考えるアカデミックな専門書シリーズ。価格は定価(税5％)

③大学教育の国際化 増補版	喜多村和之著	2940円
⑤大学の講義法	D.A.ブライ著／山口栄一訳	2940円
⑦高等教育の日本的構造	天野郁夫著	5040円
⑨大学の学生指導	F.B.ニュートン・K.L.エンダー編／岡国臣・中川米造監訳	2940円
⑫大学教育の目的	K.E.エブル著／高橋靖直訳	2940円
⑯日本の大学教育改革	関正夫著	5040円
⑱近代日本高等教育研究	天野郁夫著	10500円
⑲大学の国際文化学	阿部美哉著	2625円
⑳大学授業の研究	片岡徳雄・喜多村和之編	3675円
㉑ヨーロッパの大学	島田雄次郎著	2940円
㉒学歴産業	D.W.スチュワート・H.A.スピル著／喜多村和之他訳	3360円
㉓大学のカリキュラムと学際化	井門富二夫著	2940円
㉔生涯学習時代の短期高等教育	阿部美哉著	2940円
㉕日本的大学像を求めて	天野郁夫著	2520円
㉗日本の学歴エリート	麻生誠著	5040円
㉘アメリカのリベラルアーツ・カレッジ	宮田敏近著	2940円
㉙大学経営とリーダーシップ	R.バーンバウム著／高橋靖直訳	5040円
㉚アメリカの大学・ニッポンの大学	苅谷剛彦著	2520円
㉛私語研究序説	新堀通也著	3360円
㉞大学の理念	H.-G.ガダマー他著／赤刎弘也訳	2520円
㉟アジアの大学	P.G.アルトバック他編／馬越徹・大塚豊監訳	7350円
㊱大学校の研究	市川昭午編	5250円
㊲大学評価	新堀通也編	9450円
㊳学校と大学のパートナーシップ	K.A.シロトニック他著／中留武昭監訳	5775円
㊴現代アメリカの大学	江原武一著	5040円
㊵比較高等教育論	P.G.アルトバック著／馬越徹監訳	5040円
㊶アメリカの小さな大学町	浦田誠親著	2520円
㊷大学経営と社会環境	C.カー著／箕輪成男・鈴木一郎訳	2520円
㊸教育交流論序説	井上雍雄著	2940円
㊹大学のアメリカ・モデル	江原武一著	2940円
㊺21世紀の大学像	関正夫著	2940円
㊻転換する大学政策	舘昭編	2520円
㊼キャンパスは変わる	苅谷剛彦編	2520円
㊽近未来の大学像	金子元久編	2520円
㊾大学の変革―内と外	天城勲著	2520円
㊿大学はどこから来たか、どこへ行くのか	永井道雄監修	2520円

51	科学革命と大学	E. アシュビー著/島田雄次郎訳	2310円
52	現代の大学院教育	市川昭午・喜多村和之編	5460円
53	大学で勉強する方法	A. W. コーンハウザー著/山口栄一訳	1020円
54	大学大衆化の構造	市川昭午編	3360円
55	学習社会の大学	木田宏著	2520円
56	新制大学の誕生	土持ゲーリー法一著	7350円
57	大学カリキュラムの再編成	清水畏三・井門富二夫編	4200円
58	現代中国高等教育の成立	大塚豊著	13230円
59	カリキュラム論争	W. B. カーノカン著/丹治めぐみ訳	2520円
60	大学教授職の使命	E. L. ボイヤー著/有本章訳	2310円
61	新版 学生消費者の時代	喜多村和之著	2940円
62	大学教授職の国際比較	有本章・江原武一編著	4200円
63	リベラルアーツ・カレッジ	D. W. ブレネマン著/宮田敏近訳	3360円
64	アメリカの大学・カレッジ	E. L. ボイヤー著/喜多村和之・舘昭・伊藤彰浩訳	5250円
65	高等教育の経済分析と政策	矢野眞和著	4830円
66	アメリカ高等教育の大変貌	C. カー著/小原芳明・高橋靖直他訳	5250円
67	現代日本の専門学校	韓民著	3360円
68	大学の使命	J. オルテガ・イ・ガセット著/井上正訳	2940円
69	日本の研究者養成	塚原修一・小林信一共著	6825円
71	日本の大学	大久保利謙著	4620円
72	大学再生への挑戦	R. ソロモン・J. ソロモン著/山谷洋二訳	5880円
73	大学国際化の研究	江淵一公著	5460円
74	大学を語る　22人の学長	天野郁夫編	3150円
75	開かれた大学授業をめざして	京都大学高等教育教授システム開発センター編	2520円
76	大学開発の担い手	M. J. ワース・J. W. アスプⅡ著/山田礼子訳	2625円
77	大学改革　日本とアメリカ	舘昭著	2940円
78	ドイツの高等教育システム	H. パイザート・G. フラムハイン著/小松・長島他訳	5775円
79	アメリカ高等教育　試練の時代	C. カー著/喜多村和之監訳	4200円
80	アメリカ高等教育の歴史と未来	C. カー著/喜多村和之監訳	4725円
81	アメリカ社会と高等教育	P. G. アルトバック他編/高橋靖直訳	5775円
82	イギリス高等教育と専門職社会	H. J. パーキン著/有本章・安原義仁訳	3150円
83	大学授業の心得	S. G. クランツ著/蓮井敏訳	2520円
84	アメリカの学生と海外留学	B. B. バーン編/井上雍雄訳	3990円
85	変わるニッポンの大学	苅谷剛彦著	2625円
86	プロフェッショナルスクール	山田礼子著	4200円
87	戦後大学改革	羽田貴史著	4725円
88	現代の大学・高等教育	喜多村和之著	4725円
89	戦間期日本の高等教育	伊藤彰浩著	6510円

⑩誰でも何でも学べる大学 …………………E. アシュビー著／宮田敏近訳	2520円
⑨教養教育の系譜 …………S. ロスブラット著／吉田文・杉谷祐美子訳	3570円
⑨都市型大学 ……………………………P. G. エリオット著／岩田弘三訳	4935円
⑨日本・中国高等教育と入試 ……………………………………中島直忠編	8400円
⑨高等教育の変貌と財政 ……………………………………………市川昭午著	4200円
⑨現代アメリカ大学生群像…A. レヴィーン・J. S. キュアトン著／丹治訳	3045円
⑨高度情報社会の大学 ……………………M. トロウ著／喜多村和之編訳	3990円
⑨大学個性化の戦略 …………………D. T. セイモア著／舘昭・森利枝訳	4410円
⑨高等教育と政策評価 ………………………………………………喜多村和之編	5040円
⑨科学技術社会と大学 ……………………E. アシュビー著／宮田敏近訳	3360円
⑩学長　大学改革への挑戦 …………………………………………天野郁夫編	2625円
⑩大学教師の自己改善 …………………P. J. パーマー著／吉永契一郎訳	3360円
⑩新版　戦後大学政策の展開 ………………………………………黒羽亮一著	3780円
⑩大学授業のフィールドワーク…京都大学高等教育教授システム開発センター編	2940円
⑩成長するティップス先生…池田輝政・戸田山和久・近田政博・中井俊樹著	1470円
⑩現代大学の変革と政策 ……………………………………………喜多村和之著	4725円
⑩未来形の大学 ………………………………………………………市川昭午著	2940円
⑩大学授業の生態誌 …………………………………………………島田博司著	2520円
⑩大学改革のゆくえ …………………………………………………天野郁夫著	2520円
⑩人文科学に何が起きたか ………………A. カーナン編／木村武史訳	3990円
⑩学生参加型の大学授業 ………D. W. ジョンソン他著／関田一彦監訳	3675円
⑪大学改革の現場へ …………………………………………………山岸駿介著	2520円
⑪デジタル時代の大学と図書館…B. L. ホーキンス・P. バッティン編／三浦逸雄他訳	5040円
⑪私語への教育指導―大学授業の生態誌2 ……………………島田博司著	2940円
⑪メール私語の登場―大学授業の生態誌3 ……………………島田博司著	2520円
⑪大学評価ハンドブック…A. I. フローインスティン著／米澤彰純・福留東土訳	3360円
⑪大学政策　改革への軌跡 …………………………………………黒羽亮一著	3360円
⑪大学院教育の国際比較 …………………B. R. クラーク著／有本章監訳	4935円
⑪ICTを活用した大学授業………………………………………小原芳明編	2100円
⑪イギリスの大学改革　1809―1914…M. サンダーソン著／安原義仁編訳	5775円
⑫アメリカ大学史 …………………F. ルドルフ著／阿部美哉・阿部温子訳	5775円
⑫大学教員「教育評価」ハンドブック…L. キーグ・M. D. ワガナー著／高橋靖直訳	2940円
⑫大学のカリキュラム改革 …………………………………………有本章編	4410円
⑫キャンパスライフの今 ……………………………………………武内清編	2205円
⑫高等教育とIT ………………………………………山地弘起・佐賀啓男編	2940円
⑫大学授業を活性化する方法…杉江修治・関田一彦・安永悟・三宅なほみ編著	2940円